Andreas Hirsch

Der Umgang mit Gott und dem Nächsten

Andreas Hirsch

Der Umgang mit Gott und dem Nächsten

Fromm Verlag

Publisher:
Fromm Verlag
is a trademark of
International Book Market Service Ltd., member of OmniScriptum Publishing Group
17 Meldrum Street, Beau Bassin 71504, Mauritius

Printed at: see last page
ISBN: 978-620-2-44150-6

Inhaltsverzeichnis

1 Vorwort

Die im vorliegenden Band veröffentlichten Artikel sind zuerst im FELS erschienen und wurden thematisch geordnet. Es geht dabei um die wesentlichen Bereiche des Christentums: Gott, Jesus Christus, das christliche Leben, die Sakramente und Tugenden sowie das Gebet.

Die Redaktion des FELS gab die Genehmigung für eine erneute Publikation, wofür ich ihr ein herzliches VERGELT'S GOTT aussprechen möchte. Es wurde der damalige Stil eines Artikels beibehalten, so dass jeder auch für sich gelesen werden kann. Wenn es dabei gelingt, in der Gottes- und der Nächstenliebe zu wachsen und unserem Herrn Jesus Christus näher zu kommen, hat das Buch sein Ziel erreicht. Gerne widme ich dieses Buch Frau Christa Eggert in Dankbarkeit für ihre Gebete, Opfer und hervorragenden Ratschläge. *Maria mit dem Kinde lieb, uns allen Deinen Segen gib.*

Februar 2018 Pater Andreas Hirsch

Imprimi potest, Fribourg, 8.5. 2018
P. John Berg FSSP, Superior Generalis

KKK = Katechismus der Katholischen Kirche

2 Gott, der Herr

2.1 Die Barmherzigkeit Gottes[1]

Papst Franziskus hat das Jahr 2016 zum Jahr der Barmherzigkeit ausgerufen. Aus diesem Grund wollen wir uns mit der Darstellung dieser wunderbaren Eigenschaft Gottes in der Heiligen Schrift ein wenig beschäftigen.

Nachdem Adam und Eva das Gebot Gottes übertreten hatten, vertrieb Gott sie zwar aus dem Paradies, gab sie aber trotz ihrer schweren Schuld nicht der ewigen Verdammnis preis. Gott schenkt den Menschen in seiner unergründlichen Barmherzigkeit die Möglichkeit der Bewährung und der Rückkehr zu Ihm. Sogar wegen der kleinen Anzahl von zehn gerechten Menschen hätte Gott auf Bitten Abrahams Sodom verschont (Gen 8,32). Da es in Sodom aber nicht so viele Gerechte gab, wurden der gottesfürchtige Lot, der rechtschaffene Neffe Abrahams, mit seinen beiden Töchtern gerettet (Gen 19). Gott lässt Seine treuen Kinder nie im Stich!

Im Buch Exodus wird ausführlich die Barmherzigkeit, die Güte und die Langmut Gottes mit Seinem auserwählten Volk beschrieben. Gott führt durch Mose, Seinen Knecht, das auserwählte Volk aus Ägypten in die Freiheit und vernichtet das Heer der Ägypter im Roten Meer (Ex 14). In der Wüste sorgt der Herr für Sein Volk durch Wunder, indem Er Wasser aus dem Felsen entspringen lässt (Ex 17) sowie die Israeliten mit Manna und Wachteln (Ex 16) versorgt, obwohl sie immer wieder gegen Mose und Gott murren. Auf dem Berg Sinai schließt Gott mit Seinem auserwählten Volk einen Bund (Ex 19 und 24) und schenkt ihm die zehn Gebote als Richtschnur der Gottes- und der Nächstenliebe

[1] Erstveröffentlichung: Barmherzigkeit: Möglichkeit der Bewährung und Rückkehr zu Gott, in: Der Fels 46 (2015) 232f.

(Ex 20). Die Israeliten brechen den Bund, indem sie das goldene Kalb (Ex 32) anfertigen und als Götzen verehren. Gott erneuert in Seiner Barmherzigkeit den Bund und offenbart Sich als „barmherziger und gnädiger Gott, langmütig, reich an Huld und Treue“ (Ex 34,6). Diese Offenbarung setzte Gott in die Tat um, wenn Er immer wieder den Israeliten ihre Sünden und Rebellionen (Num 14; Dtn 9,9-29) auf die Fürsprache des Mose verziehen hat. Im Buch Josua wird die Inbesitznahme des gelobten Landes beschrieben, das Gott Abraham, Isaak und Jakob verheißen sowie dem Mose gezeigt hatte (Dtn 34,4). Der treue und barmherzige Gott hält immer Seine Versprechen. Ähnlich wie das auserwählte Volk behandelt Gott uns sündige Menschen, wenn Er uns in Seiner Barmherzigkeit, Langmut und Geduld im Sakrament der heiligen Beichte verzeiht.

Ein besonderer Liebling Gottes während des Alten Bundes war der König David, den der Herr zum König über Israel einsetzte (1 Sam 16) und dem Er den Sieg über Goliat verlieh (1 Sam 17). Als David zum Ehebrecher und Mörder wurde, verzieh ihm Gott diese Todsünden, nachdem David seine Schuld erkannt und bereut hatte (2 Sam 11f).

Immer wieder sandte Gott Propheten zu Seinem Volk, damit es von seinen Sünden ablasse und nach den zehn Geboten ein Gott wohlgefälliges Leben führe. Die Propheten verheißen auch den künftigen Erlöser (vgl. etwa Jes 7,14; 8,8; 9,6), den Gott schon den Stammeltern (Gen 3,15) und Abraham (Gal 3,16; Gen 12,3) versprochen hatte.

Als die Zeit erfüllt war, sandte Gott aus Liebe Seinen Sohn geboren aus der Jungfrau Maria, damit Er uns freikaufe und erlöse (Gal 4,4). Durch Sein ganzes Sein und Leben offenbart uns Jesus in Seinen Worten und Werken die barmherzige Liebe Gottes.

Mit den Gleichnissen vom Erbarmen im fünfzehnten Kapitel des Lukasevangeliums zeigt uns Jesus die Barmherzigkeit Gottes. Der gute Hirt (vgl. Joh 10) sucht das verlorene Schaf, bis Er es gefunden hat. Der barmherzige

Vater kommt dem verlorenen Sohn, der durch ein verschwenderisches und unzüchtiges Leben schwer gesündigt hat, entgegen und verzeiht ihm die Sünden. Gott handelt an uns wie der barmherzige Samariter (Lk 10,25-37). Er gießt heilendes Öl (Sakramente) in die Wunden, die wir uns durch unsere Sünden in der Seele selbst zugefügt haben.

Während Seines ganzen Lebens erweist Jesus Seinen Mitmenschen Barmherzigkeit. Er verhilft dem Brautpaar in Kana aus der Verlegenheit, indem Er Wasser in Wein verwandelt (Joh 2). Damit gibt Jesus wie auch bei der wunderbaren Brotvermehrung (Mt 9,36) schon einen Hinweis auf die Wandlung von Brot und Wein in Seinen Leib und Sein Blut (Mt 26,26-28; Mk 14,22-24; Lk 22,14-18; 1 Kor 11,23-25). Jesus heilt viele Kranke (Mt 14,14; Lk 14,1-6; Joh 5.9) und Besessene (Mk 5,19). Sogar Tote ruft Er in das irdische Leben zurück (Lk 7,15; Joh 11: Lazarus). Am deutlichsten zeigt sich die Barmherzigkeit Jesu in der Vergebung der Sünden. So rettet Er die Ehebrecherin vor dem Tod durch Steinigung, verurteilt sie nicht und fordert sie auf, nicht mehr zu sündigen (Joh 8). Den rechten Schächer am Kreuz, der ein Schwerverbrecher war, nimmt Jesus nach dessen Reue und demütiger Bitte sofort mit in das Paradies (Lk 24,39-43). Gott wartet auf uns bis zum letzten Augenblick unseres Lebens. Auch Menschen, die seit ihrer Kindheit in schlechten Verhältnissen leben mussten, erfahren auf geheimnisvollen Wegen, die nur Gott kennt, seine Barmherzigkeit und Güte, wie das Beispiel des rechten Schächers am Kreuz zeigt. Richten wir deshalb niemanden, das ist allein die Aufgabe Gottes, der allein die Herzensschau hat und alle Umstände berücksichtigen kann, ohne dabei die immerwährende Gültigkeit Seiner Gebote und Gesetze zu verletzen oder zu verändern. Jesus sagt selbst: „Richtet nicht, damit ihr nicht gerichtet werdet“ (Mt 7,1).

Die Krönung des Erbarmens, der Barmherzigkeit und der Liebe Gottes ist das Leiden, der Tod und die Auferstehung Seines eingeborenen Sohnes Jesus Christus. Die Früchte dieses Erlösungswerkes Seines Sohnes schenkt uns der

Vater durch den Heiligen Geist in den Sakramenten: In der Taufe macht uns der barmherzige Gott zu seinen Kindern und vergibt uns die Erbschuld und die persönlichen Sünden. In der Firmung stärkt uns der Heilige Geist zu einem treuen Bekenntnis zu unserem Herrn und Gott Jesus Christus. In der heiligen Messe opfert sich Jesus dem Vater im Heiligen Geist und nimmt Wohnung in unserer Seele während der heiligen Kommunion. In der heiligen Beichte verzeiht uns Gott die Sünden und in der Krankensalbung werden wir in schwerster Krankheit mit dem leidenden Christus verbunden. In der Priesterweihe nimmt Jesus Männer in seinen besonderen Dienst zur Verkündigung des Evangeliums und zur Spendung der Sakramente. Die Ehe bildet den Liebesbund Jesu mit seiner Kirche ab. Der Gabentisch Gottes ist durch Seine reiche Barmherzigkeit übervoll, beten wir, dass diese Früchte allen Menschen zuteil werden.

Jesus preist die Barmherzigen selig und verspricht ihnen Barmherzigkeit (Mt 5,48). Er fordert uns auf, barmherzig zu sein wie unser Vater im Himmel (Lk 6,36). Dies hat Jesus uns beispielhaft vorgelebt. Im Matthäusevangelium (Mt 25,31-46) legt uns der Herr die Werke der leiblichen Barmherzigkeit nahe: Die Hungrigen speisen, den Durstigen zu Trinken geben, die Obdachlosen und Fremden aufnehmen, die Nackten bekleiden sowie die Kranken und Gefangenen besuchen. Dazu fügte die kirchliche Tradition noch das Begraben der Toten (vgl. Tob 1,17f) und die Werke der geistigen Barmherzigkeit hinzu: die Unwissenden belehren (Mt 28,19ff), die Zweifelnden beraten, die Trauernden trösten, die Sünder zurechtweisen (Joh 8,11), anderen verzeihen (Mt 6,12), für die Lebenden und die Verstorbenen beten (Joh 14,13f).

Das lateinische Wort für Barmherzigkeit ist *misericordia.* Man könnte dieses Wort folgendermaßen aufschlüsseln: Für die Elenden (*miseria*) sein Herz (*cor*) geben. Jesus, der Mensch gewordene Sohn Gottes, gab Sein Herz für uns, es wurde am Kreuz durchbohrt wegen unserer Sünden. Diese barmherzige Liebe wollen wir immer anrufen:

„Jesus, sanftmütig und demütig von Herzen - bilde unser Herz nach deinem Herzen. Maria, Mutter der Barmherzigkeit - bitte für uns.“

2.2 Das Kreuz Jesu Christi – unsere einzige Hoffnung[2]

In jeder Kirche, am Wegesrand in katholischen Gegenden auf dem Land und hoffentlich in unseren Wohnungen finden wir das Kreuz, das Zeichen unserer Erlösung. Wir wollen in diesem Artikel die vielfältigen Bedeutungen des heiligen Kreuzes Jesu Christi betrachten.

Der Tod am Kreuz bedeutet unsagbares Leiden. Viele Verurteilte verbluteten schon bei der grausamen Geißelung. Die durch die Nägel verursachten Wunden schmerzten furchtbar, der quälende Durst war unmenschlich und das Luftholen kaum möglich. Es dauerte oft Stunden bis der Tod eintrat. Jesus Christus, wahrer Mensch und wahrer Gott, nahm dieses Leiden aus Liebe zu uns auf sich. Jesus erlöst uns durch seinen Gehorsam am Kreuz, indem Er sein Leben für uns dahingibt und so die Strafe für unsere Sünden auf sich nimmt. Damit zeigt Gott seine Barmherzigkeit und Liebe und verwirklicht seine Gerechtigkeit. Jesus, der einzig Gerechte, stirbt stellvertretend für die Sünder (vgl. Jes 53). Er selbst kundigte immer wieder sein Leiden, seinen Tod und seine Auferstehung (Lk 9,23-27; Mt 20,17-19) als Opfer für die Vielen zur Vergebung der Sünden an (Mk 10,45), damit die Schrift erfüllt werde (Jes 53 und öfter). So bringt Jesus uns Hilfe und Erlösung, indem Er am Holz des Kreuzes den Satan besiegt, der am Holz die ersten Menschen zur Sünde im Ungehorsam gegenüber Gott verführt hatte (Präfation vom heiligen Kreuz aus dem römischen Messbuch).

---

[2] Erstveröffentlichung: Das Kreuz Jesu Christi – unsere einzige Hoffnung, in: Der Fels 48 (2017) 104f.

Diese Hilfe durch Jesus Christus bringt uns Leben durch die Sakramente der Taufe und der Eucharistie: „Als sie aber zu Jesus kamen und sahen, dass Er schon tot war, zerschlugen sie Ihm die Beine nicht, sondern ein Soldat stieß mit der Lanze in Seine Seite, und sogleich floss Blut und Wasser heraus“ (Joh 19, 33f). So erfüllte Jesus Sein Versprechen, das Er Seinen Aposteln beim Letzten Abendmahl gegeben hatte: Das Kreuzesopfer Jesu Christi wird in der heiligen Wandlung jeder heiligen Messe sakramental und unblutig gegenwärtig: „Das ist Mein Leib, der für euch hingegeben wird“ (Lk 22,19). „Dieser Kelch ist der neue Bund in Meinem Blut, das für euch vergossen wird“ (Lk 22,20). Jesus ist gegenwärtig in Seinem Leib und in Seinem Blut, in Seiner Gottheit und in Seiner Menschheit. Er schenkt sich uns in der heiligen Kommunion. Das erfordert unsere Ehrerbietung, unsere Achtung und vor allem unsere Anbetung. Folgen wir dem Beispiel der Weisen aus dem Morgenland, die das Jesuskind in der Krippe auf den Knien anbeten (Mt 2,11), folgen wir Mose, der sich vor Jahwe im brennenden Dornbusch auf sein Angesicht wirft (Ex 3,4ff) und folgen wir den Seraphim im Himmel, die den allmächtigen Gott anbeten (Jes 6,1ff). Gehen wir mindestens jeden Sonn- und Feiertag zu unserem Heil in die heilige Messe, um Jesus Christus, unserem Herrn und Gott, die Ehre zu geben.

Die Teilnahme am Gottesdienst setzt sich in unserem Alltag fort: „Wer Mein Jünger sein will, der verleugne sich selbst, nehme sein Kreuz auf sich und folge Mir nach. Denn wer sein Leben retten will, wird es verlieren; wer aber sein Leben um meinetwillen und um des Evangeliums willen verliert, wird es retten“ (Mk 8,34f). Das bedeutet, dass wir an unserem Platz die Nachfolge Jesu durch ein Leben nach Seinen Geboten der Gottes- und der Nächstenliebe verwirklichen dürfen. Wir werden gestärkt durch die Sakramente, um einst mit Jesus ewig glücklich sein zu können.

Dafür ist der *Glaube* des Hauptmannes unter dem Kreuz eine große Hilfe, der auch uns in der heiligen Taufe geschenkt wurde und um dessen Vertiefung wir immer wieder Gott bitten müssen. Der Hauptmann bekannte zu Recht:

„Wahrhaftig, dieser Mensch war Gottes Sohn“ (Mk 15,39). In diesem Glauben schenkt uns Gott die *Hoffnung*, durch das Kreuz zur Auferstehung in der Nachfolge Jesu Christi gelangen zu können. Verbinden wir uns mit Christus und folgen Ihm nach: „Wer nicht sein Kreuz auf sich nimmt und Mir nachfolgt, ist Meiner nicht würdig“ (Mt 10,38). Durch Seinen Tod am Kreuz offenbart Jesus Seine *Liebe* zu uns Menschen: „Es gibt keine größere Liebe, als wenn einer sein Leben für seine Freunde hingibt. Ihr seid Meine Freude, wenn ihr tut, was Ich euch auftrage“ (Joh 15,13f).

Wenn wir betrachten, was Christus alles für uns getan hat, gelangen wir zu einer Reue über unsere Sünden wie der heilige Petrus: „Und Petrus ging hinaus und weinte bitterlich“ (Lk 22,62). Die Vergebung der Sünden erbittet uns Jesus vom Vater: „Vater, vergib ihnen, denn sie wissen nicht, was sie tun“ (Lk 23,34). Bekehren wir uns wie der rechte Schächer am Kreuz (der heilige Dismas), den Jesus mit Sich in das Paradies nimmt: „Amen, Ich sage dir: Heute noch wirst du mit Mir im Paradies sein“ (Lk 23,43). Im Glauben an den dreifaltigen Gott und einem entsprechenden Leben in Seiner Gnade dürfen wir die Hoffnung auf die Auferstehung der Toten haben.

Jesus, der gekreuzigte und auferstandene Herr, will uns gerne diese Gnade schenken: „Dann sagte Er zu Thomas: Streck deinen Finger aus – hier sind Meine Hände! Streck deine Hand aus und leg sie in Meine Seite, und sei nicht ungläubig, sondern gläubig! Thomas antwortete Ihm: Mein Herr und mein Gott. Jesus sagte zu ihm: Weil du Mich gesehen hast, glaubst du. Selig sind, die nicht sehen und doch glauben“ (Joh 20,27-29).

Vergessen wir auch nicht die Armen Seelen, die im persönlichen Gericht dem Richter Jesus Christus schon begegnet sind, Ihn aber noch nicht von Angesicht zu Angesicht schauen dürfen, da sie noch wie Gold im Schmelzofen von ihren Schlacken (Sündenstrafen) gereinigt werden müssen und sich vor Schmerz in ihrem Sehnen nach Christus verzehren. Ihnen helfen unsere Gebete und vor allem das heilige Messopfer als die unblutige Vergegenwärtigung des Kreuzesopfers Jesu Christi.

Das Kreuz ist das heilige Siegel Jesu Christi, das Er uns in der heiligen Taufe, der heiligen Firmung und den heiligen Weihen einprägt sowie im Leiden, was wir erst im Himmel sehen dürfen. Dieses heilige Zeichen wird bei Seiner Wiederkunft am Himmel erscheinen: „Dann wird das Zeichen des Menschensohnes am Himmel erscheinen; dann werden alle Völker der Erde jammern und klagen, und sie werden den Menschensohn mit großer Macht und Herrlichkeit auf den Wolken des Himmels kommen sehen“ (Mt 24,30). „Wenn all das beginnt, dann richtet euch auf, und erhebt eure Häupter; denn eure Erlösung ist nahe“ (Lk 21,28). Jetzt und in der Zukunft, immer sollen wir wissen und gläubig annehmen, dass uns Jesus am Kreuz erlöst hat und unsere einzige Rettung ist. Vertrauen wir auf Ihn und nicht auf uns selbst. Halten wir uns am Kreuz fest, falls wir böse Versuchungen haben. Wenn der unterste Diener uns verwirren will, umarmen wir in Gedanken das heilige Kreuz und Gott wird uns immer helfen.

Bitten wir wie Jesus vor dem Ausatmen Seines Leidens: „Vater, in Deine Hände lege ich Meinen Geist“ (Lk 23,46). „Dann hauchte Er den Geist aus“ (Mk 15,37). Unsere Erlösung geschah durch das Leiden des Sohnes, in der Barmherzigkeit des Vaters sowie der Liebe des Heiligen Geistes: „Denn Gott hat die Welt so sehr geliebt, dass Er seinen einzigen Sohn hingab, damit jeder, der an Ihn glaubt, nicht zugrunde geht, sondern das ewige Leben hat“ (Joh 3,16).

Wenn wir das Kreuzzeichen mit Innigkeit machen und uns dem dreifaltigen Gott ganz verschenken, dürfen wir am Herzen des Vaters ausruhen und Er gibt uns Seinen Schutz: „Im Namen des Vaters und des Sohnes und des heiligen Geistes. Amen“.

„Maria, drück die Wunden, die Dein Sohn am Kreuz empfunden, tief in unsere Seelen ein“.

3 Christliches Leben

3.1 Vaterschaft[3]

Kardinal Cordes beklagt in seinem Buch *Die verlorenen Väter. Ein Notruf* (Freiburg 2002) die in die Krise geratene menschliche Vaterschaft und führt als Gründe unter anderem den beruflichen Wandel, den aggressiven Feminismus und Genderismus an. Der Feminismus war eine Folge des früheren falschen Machtstrebens vieler Männer, die sich wie ungerechte Patriarchen aufführten. All dies hat negative Auswirkungen auf die Familien, die Gesellschaft und das Gottesbild. Umso wichtiger ist es, hier wieder die wahre Mitte zu finden. Das gelingt am besten, wenn wir uns an der ursprünglichen Vaterschaft orientieren, wie sie uns in der Hl. Schrift überliefert wird. Paulus schreibt: „Ich beuge meine Knie vor dem Vater, nach Dessen Vaterschaft jedes Geschlecht im Himmel und auf der Erde benannt wird, und bitte, Er möge euch aufgrund des Reichtums Seiner Herrlichkeit schenken, dass ihr in eurem Innern durch Seinen Geist an Kraft und Stärke zunehmt. Durch den Glauben wohne Christus in euren Herzen. In der Liebe verwurzelt und auf sie gegründet, sollt ihr zusammen mit allen Heiligen dazu fähig sein, die Länge und Breite, die Höhe und Tiefe zu ermessen und die Liebe Christi verstehen, die alle Erkenntnis übersteigt. So werdet ihr mehr und mehr von der ganzen Fülle Gottes erfüllt“ (Eph 3,14-19). Wahre Vaterschaft hat also ihren Ursprung in Gottvater, der uns Seine Vaterschaft durch Seinen Sohn Jesus Christus im Heiligen Geist vermittelt. Dadurch wachsen wir in der Liebe, die jede Erkenntnis übersteigt. Die ganze Hl. Schrift, die ganze Heilsgeschichte, ist voller Beispiele von der liebenden und sorgenden Vaterschaft Gottes. Wir wollen dieses Glaubensgeheimnis anhand einiger

[3] Erstveröffentlichung: Die Vaterschaft neu entdecken, in: Der Fels 46 (2015) 261f.

Beispiele in drei Schritten verdeutlichen: Zunächst soll die Vaterschaft Gottes gegenüber Seinem auserwählten Volk im Alten Bund betrachtet werden. Der zweite Schritt führt uns in das Zentrum der Vaterschaft Gottes: in das Geheimnis der Allerheiligsten Dreifaltigkeit – des dreieinigen Gottes – ein Gott in drei Personen: Gott Vater, Gott Sohn, Gott Heiliger Geist! Abschließend wollen wir noch die liebende Vaterschaft Gottes gegenüber Seinen Kindern, den Christgläubigen, die sich aus der Sendung Seines göttlichen Sohnes Jesus und Seines Heiligen Geistes ableitet, in den Blick nehmen.

Die Vaterschaft Gottes im Alten Testament

Gott erweist sich als sorgender und liebender Vater gegenüber Seinem in Ägypten unterjochten Volk. Er befreit es aus der Sklaverei und führt es in das gelobte Land. Obwohl das Volk störrisch ist und immer wieder von Gott abfällt – denken wir nur an das Goldene Kalb (Ex 32,1-4) – bleibt Gott treu. Diese Treue erweist Gott in Seiner väterlichen Sorge auch König David. Er verleiht ihm den Sieg über den Riesen Goliat (1 Sam 17) und ermöglicht die Einigung der 12 Stämme Israels unter seinem Königtum. Obwohl David die Ehe bricht und zum Mörder wird (2 Sam 11,1-26), nimmt Gott seine Reue an und verzeiht ihm. Gott steht zu seinen Versprechen und macht den Sohn Davids (Salomo: 1 Kön 1-11) zum König über Israel. Sowohl David als auch dem König Achaz (Jes 7,14) verheißt Gott die Ankunft des Messias, der für die Sünden der Menschen leiden und sterben wird, aber damit und durch Seine Auferstehung (Jes 53,15) die Erlösung verwirklicht (vgl. Jes 53,6-15; Mk 1,11; 3,13-17; 15f Lk 3,22).

Gott Vater, Gott Sohn, Gott Heiliger Geist – ein Gott in drei Personen

Das innergöttliche Leben verdeutlicht uns auf geheimnisvolle Art und Weise die Vaterschaft Gottes. Gott ist die Liebe (1 Joh 4,8.16) und der „Einzige, der Gott ist und am Herzen des Vaters ruht, Er hat Kunde gebracht" (Joh 1,18). Dieser ist der einzige Sohn vom Vater (Joh 1,14), das göttliche Wort (Joh 1,1), das zum Heil der Menschen Fleisch geworden ist (Joh 1,14) und Seine Jünger anhält, die Taufe „im Namen des Vaters und des Sohnes und des Heiligen Geistes" (Mt 28,19) zu spenden. Der Sohn des Vaters – Jesus Christus -, das göttliche Wort, sendet uns den Heiligen Geist vom Vater (Joh 14,26; 15,26): ein Gott in drei Personen – das tiefste Geheimnis: Ehre sei dem Vater und dem Sohn und dem Heiligen Geist!

Die Vaterschaft Gottes im Neuen Testament

Jesus ist sowohl als Gott als auch als Mensch der eingeborene Sohn des Vaters (Joh 1,14.18). An dieser Sohnschaft will Er uns Anteil geben, was Er auf vielfältige Art und Weise verdeutlicht. Jesus spricht von Gott als Seinem und unserem Vater (Joh 5,8; 20,17). Damit benennt der Herr den unendlichen Unterschied zwischen Seiner Gottheit und unserer Menschheit. Trotzdem ist Seine Liebe so groß, dass Er uns in Seine Sohnesbeziehung zum Vater mit einbezieht, wenn wir Ihn lieben und Seine Gebote halten, dann „werden [Wir] kommen und bei Ihm wohnen" (Joh 14,23). Der dreifaltige Gott nimmt Wohnung in unserem Herzen, ein größeres Geschenk kann es nicht geben! Jesus erlaubt uns auch beim Beten, Gott mit Vater anzusprechen (Mt 6,9). Ein besonderes Beispiel für die liebende und barmherzige Vaterschaft Gottes ist das Gleichnis vom verlorenen Sohn (Lk 15,11-32). Der Vater respektiert die Freiheit des Sohnes und lässt diesen mit der Hälfte seines Vermögens ziehen, das dieser durch schwere Sünden verschwendet. Nach der Rückkehr des treulosen Sohnes kommt er diesem mit offenen Armen entgegen, bekleidet ihn neu und bewirtet ihn fürstlich. So handelt auch Gott an uns, wenn wir Ihn durch unsere Sünden zurückstoßen. Er gibt uns in seiner barmherzigen Liebe nicht auf, schenkt uns die Gnade der Reue und Umkehr, kommt uns in der hl. Beichte entgegen, verzeiht uns die Sünden, das heißt Er bekleidet uns wieder neu mit dem weißen Kleid der Taufe und schenkt sich uns in der hl. Kommunion. Wir sollen uns mühen, vollkommen wie unser himmlischer Vater zu sein (Mt 5,48). Jesus fordert viel und allein durch menschliche Anstrengung erreichen wir nichts: „Getrennt von mir könnt ihr nichts vollbringen" (Joh 15,5). Und dass wir die göttliche Vollkommenheit nicht erreichen können, weiß Jesus sehr wohl. Aber mit diesem Wort will Er uns anspornen in Seiner Liebe zu leben, Seine Gebote treu zu befolgen (Joh 14,23) und die Werke der Barmherzigkeit zu verrichten. Konkret heißt dies für den irdischen Vater, dass er sich liebevoll um seine Familie kümmert, den Glauben an Gott zusammen mit der Mutter vorlebt und so seine Kinder zu Christus hinführt. Jesus fordert also viel von uns, aber Er gibt noch mehr: Sich selbst in den Sakramenten. Die Priester leben die Vaterschaft Gottes in einem geistlichen Sinn, indem sie den Gläubigen das Wort Gottes verkünden und die Sakramente spenden und so ebenfalls den Weg zu Christus eröffnen. Den größten Beweis Seiner Liebe gibt uns Gott durch die Hingabe Seines Sohnes Jesus Christus am Kreuz, worauf die Auferstehung in Herrlichkeit und die Himmelfahrt folgen. Auch uns ist diese Herrlichkeit von Jesus versprochen: „Im Haus Meines Vaters gibt es viele Wohnungen. Wenn es nicht so wäre, hätte ich euch dann gesagt: Ich gehe, um einen Platz für euch vorzubereiten? Wenn Ich gegangen bin und einen Platz für euch vorbereitet habe, komme Ich wieder und werde euch zu Mir holen, damit auch ihr dort seid, wo Ich bin" (Joh 14,2f). Diese herrliche Verheißung wartet auf uns und hilft uns, unser schweres Erdenleben besser zu tragen. In besonders schwierigen Situationen dürfen wir den Herrn bitten: *Jesus, wärme uns mit deiner Heiligkeit.*

Dieses kurze Gebetchen bringt uns Jesus näher und führt uns damit in das liebende Vaterherz Gottes.

3.2 Mutterschaft und Kindschaft[4]

Wir wollen die heilige und unerlässliche Rolle der Mutterschaft am Beispiel der Gottesmutter Maria aufzeigen und daraus Schlüsse für diese schöne Aufgabe ziehen.

„Als sie dort waren, kam für Maria die Zeit ihrer Niederkunft, und sie gebar ihren Sohn, den Erstgeborenen. Sie wickelte Ihn in Windeln und legte Ihn in eine Krippe, weil in der Herberge kein Platz für sie war" (Lk 2,6f). Wie der Erzengel Gabriel ihr vorhersagte, wurde Maria Mutter Jesu, des Sohnes des Allerhöchsten, ohne das Zutun eines Mannes (Lk 1,31.35). Die Bezeichnung Erstgeborener wurde damals jedem erstgeborenen Sohn beigelegt. Sie sagt nicht aus, dass Maria noch weitere Kinder hatte. Wenn in der Hl. Schrift von Brüdern und Schwestern Jesu (Mk 6,3) die Rede ist, so sind damit seine Vettern und Basen gemeint. Diese Verwendung ist in der Antike durchaus bezeugt. Jesus übergibt vor seinem Kreuz Maria in die Obhut des Johannes (Joh 19,26f), was Er nicht getan hätte, wenn noch Geschwister da gewesen wären. Dies war nicht der Fall: Maria ist Jungfrau vor, in und nach der Geburt.

Obwohl Jesus als Sohn Gottes schon dem Herrn geweiht war und Maria, die ohne Erbsünde Empfangene, auch ohne jede persönliche Sünde war und damit den von Mose vorgeschriebenen Reinigungsritus nicht nötig hatten, erfüllten sie das Gesetz und brachten das Jesuskind in den Tempel. Dort prophezeite der greise Simeon die Rettung Israels durch Jesus und das Schwert,

---

[4] Erstveröffentlichung: Mutterschaft und Kindschaft. Biblische Überlegungen zur Familie, in: Der Fels 46 (2015) 136f.

das Maria durch die Seele dringen wird (Lk 2,22-35). Diesen Schmerz fühlt Maria bei der Flucht nach Ägypten und beim Zurückbleiben des zwölfjährigen Jesus im Tempel (Lk 2,41-52). Maria und Josef suchen Ihn drei Tage, bis sie Ihn finden: „Dein Vater und ich haben Dich voller Angst gesucht" (Lk 2,48). Wenn hier Josef als Vater Jesu bezeichnet wird, ist damit ausgedrückt, dass er als Pflegevater alle Rechte und Pflichten hatte. Jesus weist in Seiner Antwort darauf hin, dass Er im Eigentum Seines Vaters sein muss, was Maria und Josef nicht verstanden. Natürlich wussten beide, dass Josef nicht der Vater Jesu ist. Vor allem zeigt die Antwort Jesu aber, dass Er durch Seine einzigartige Sohnesbeziehung zum himmlischen Vater dessen Willen zu erfüllen hat, was die menschlichen Familienbande übersteigt, auch wenn Er Maria und Josef untertan ist (Lk 2,51). Die Beziehung Jesu zu Gottvater wird bei der Taufe im Jordan geoffenbart, als die Stimme des Vaters Jesus als Seinen geliebten Sohn bezeichnet (Lk 3,22). Bei der Hochzeit zu Kana (Joh 2,1-12) führt Jesus Seine Mutter tiefer in ihren Auftrag als Gnadenvermittlerin ein, der ganz dem Willen des Vaters entsprechen muss, da Jesu Stunde jetzt noch nicht gekommen ist. Maria gehorcht vertrauensvoll und weist die Diener an, zu tun, was Jesus von ihnen verlangt. Die Anrede Jesu an Seine Mutter (*Frau*) ist ungewöhnlich, aber keineswegs abwertend zu verstehen. Jesus wiederholt sie vor Seinem Tod am Kreuz als Er Johannes Maria als Mutter gibt und ihr damit alle Menschen anvertraut (Joh 19,26). Das Wort *Frau* weist auf Gen 3,15.20 hin und zeigt, dass Maria in ihrem Gehorsam die vollkommene Eva - die neue Mutter der Lebendigen - in der Gnade Gottes ist. Als Maria und die Verwandten Jesus sprechen wollen, der gerade die Botschaft vom Reich Gottes verkündet, antwortet Jesus, dass Seine Jünger und diejenigen, die den Willen des Vaters tun, ihm Vater, Mutter, Bruder und Schwester sind (Mt 12,46-50). Hier stellt Jesus den göttlichen Willen über die Familienbande. Wiederum gilt aber, dass Maria den göttlichen Willen wie keine andere erfüllt hat und somit sich ihrer Gottesmutterschaft in jeder Hinsicht als würdig erweist, was sie besonders beim

Leiden und Tod ihres Sohnes unter Beweis stellt. Sie ist ganz mit dem Willen des Vaters einverstanden, der Seinen einzigen Sohn aus Liebe in die Welt sandte und am Kreuz dahingab (Joh 3,16), um uns zu erlösen.

Können wir dieses einzigartige Verhältnis zwischen der Gottesmutter Maria und ihrem Sohn Jesus auf das Verhältnis zwischen einer Mutter und ihren Kindern übertragen? Insofern Maria *Gottesmutter und Jungfrau* ist und Jesus *wahrer Gott und wahrer Mensch* natürlich nicht. Es gibt aber andere wesentliche Lehren, die wir aus dem uns in der Hl. Schrift bezeugten Leben Jesu und Mariens für uns ziehen können.

Gott verlangt nichts Unmögliches von uns. Er stattet uns immer mit den notwendigen natürlichen und übernatürlichen Hilfen (Gnaden) aus. Jesus hatte den schwierigsten und härtesten Weg. Er ging Seinen Leidensweg bis zum bitteren Ende am Kreuz, was wegen der großen Sündenlast und der Brutalität der Henkersknechte durch Seine große Liebe, die alles Erkennen übersteigt (Eph 3,19), möglich war. Weil Jesus, unser Herr und Gott, genau wusste, was Ihn erwartete, bat Er den Vater, diesen Kelch an Ihm vorübergehen zu lassen, vollendete aber gehorsam den Willen des Vaters bis zu Seinem Tod am Kreuz (Lk 22,42; Phil 2,5-11). Auf Seinem Kreuzweg und unter dem Kreuz war Ihm die Schmerzensmutter Maria die größte menschliche Hilfe – sie war und ist „voll der Gnade“ (Lk 1,28). So dürfen wir zuversichtlich sein, auch wenn uns als Christen ein immer feindlicherer Wind ins Gesicht bläst und die Mutterschaft, wie sie Maria als Hausfrau lebte, überhaupt nicht mehr geachtet wird. Man könnte nun einwenden, dass dies damals wegen der gesellschaftlichen Umstände gar nicht anders möglich war und Maria heute ihr Kind, nachdem sie es in Bethlehem in eine Krippe gelegt habe, auch sofort in eine Kinderkrippe geben würde - was aber unvorstellbar ist. Hier wird auch gerne noch das Beispiel der hl. Birgitta angeführt. Als sie an den Königshof berufen wurde, gab sie die meisten ihrer Kinder in Klöster oder zu anderen Familien, was ihr allerdings sehr schwer fiel. Dagegen ist einzuwenden, dass dies und die Kinderkrippe nur der absolute Notfall sein sollte, wenn es nicht anders geht. Gottvater ersparte Seinem Sohn Jesus kein Leid, ließ Ihn aber in einer Familie mit Mutter und Pflegevater aufwachsen. Ein Kind braucht gemäß der Schöpfungsordnung Gottes seine Mutter, in deren Schoß es neun Monate geborgen war, deren Stimme es besonders gut kennt und auf die es besonders hingeordnet ist. Dies gilt unter anderem für die Erlernung der *Muttersprache*, wie auch durch Ergebnisse der Hirnforschung bestätigt wird. Selbstverständlich dürfen die Väter die Erziehung ihrer Kinder nicht alleine der Mutter überlassen, jeder hat seine Aufgabe, die er mit der unerlässlichen Hilfe Gottes erfüllen darf und muss. Dies wird wiederum durch Forschungen bestätigt. Obwohl in Norwegen seit etwa 30 Jahren bedingt durch die Gender-Ideologie eine falsche Gleichheit im Sinne einer Austauschbarkeit zwischen Mann und Frau propagiert wurde, sind nach wie vor etwa 90% der Ingenieure Männer und 90% der Krankenpfleger Frauen (Kath.net 9.12.2014). Lassen Eltern ihren Kindern Freiheit beim Spielen, so werden sie in der Regel feststellen, dass ihre Söhne sich eher technischen Dingen zuwenden und ihre Töchter Puppen, was in der göttlichen Schöpfungsordnung grundgelegt ist. Viele Kinder zu haben und Hausfrau und Mutter zu sein, wird in unserer Gesellschaft durch ein ungerechtes Lohnsystem immer mehr erschwert, ist aber nach wie vor von Gott gesegnet. Dieser Artikel kann keine allgemeine Regel aufstellen, wohl aber die gottgewollte Familie (Vater, Mutter, Kinder) als Grundlage für Kirche und Gesellschaft in das rechte Licht rücken. Neben den natürlichen Fähigkeiten wird dort auch unsere Beziehung zu Gott grundgelegt. Alleinerziehende sollen keineswegs diskriminiert werden, sondern vielmehr Ermunterung und Hilfen für ihre heroische Aufgabe in Kirche und Gesellschaft erfahren, damit es auch ihnen gelingt, ihre Kinder in der Liebe zu Gott und den Nächsten zu erziehen. Weil insgesamt die Probleme nicht kleiner, sondern größer werden, was schon angedeutet wurde, ist es umso notwendiger, Gott nicht als Lückenbüßer zu betrachten, sondern als Fundament, als Ursprung und als Ziel unseres Lebens.

Bitten wir Ihn recht oft mit den Worten „*Herr, wärme uns in Deiner Heiligkeit*", damit wir bei Ihm geborgen sind. Fliehen wir auch zu Seiner Mutter: „*Maria mit dem Kinde lieb, uns allen deinen Segen gib. Amen*".

3.3 Das Laienapostolat[5]

Mit dem Begriff *Laie* bezeichnet man alle getauften Gläubigen in der Kirche, die keine heilige Weihe wie die Bischöfe, Priester und Diakone empfangen haben. Das Wort hat eine andere Bedeutung als im weltlichen Sprachgebrauch. Dort bezeichnet man mit *Laie* eine Person, die sich in einem Gebiet nicht gut oder gar nicht auskennt. Der Begriff *Laie* kommt von dem griechischen Wort *Laos,* das Volk bedeutet. Ein *Laie* (griechisch *Laikos*) gehört also durch die heilige Taufe zum auserwählten Volk Gottes, der Kirche. Das ist eine große Ehre, die auch heilige Verpflichtungen mit sich bringt, die wir im Folgenden unter anderem mit Hilfe des Dekretes *Apostolicam actuositatem* (apostolisches Wirken) des II. Vatikanischen Konzils umschreiben wollen.

In der Apostelgeschichte (Apg 11,19ff) ist die Rede von Christen, die nach dem Märtyrertod des heiligen Stephanus das Evangelium in Zyrene, Zypern, Phönizien und Antiochien verkündeten. In Japan wurde der Glaube an Jesus Christus im Geheimen nach den grausamen Verfolgungen etwa 200 Jahre ohne Priester weitergegeben. Die Christen wussten neben dem Glaubensbekenntnis und den zehn Geboten von der heiligen Messe, der Gottesmutter Maria und dem weißen Mann in Rom. Als französische Priester im 19. Jahrhundert in Japan eintrafen, wurden ihnen die letzten drei Punkte als Frage vorgelegt, um ihre Zugehörigkeit zur katholischen Kirche und damit zu Christus zu prüfen. Sie wurden freudig von den japanischen Christen

[5] Erstveröffentlichung: Das Laienapostolat, in: Der Fels 48 (2018) 22f.

aufgenommen und konnten auf deren Wirken aufbauen. Durch das apostolische Wirken von Laien, besonders von Frauen, konnte der Glaube an Jesus Christus auch in der kommunistischen Verfolgungszeit überleben. Selbstverständlich suchten diese Christen immer die Verbindung mit durchreisenden Priestern, die ihnen die Sakramente der heiligen Beichte und der heiligen Krankensalbung spendeten sowie die heilige Messe zelebrierten[6].

In der Heiligen Schrift finden sich noch weitere Hinweise auf das Wirken von Laien:

Das Ehepaar Priszilla und Aquila nahmen den Apollos, der nur die Taufe des Johannes kannte, gastfreundlich auf und unterwiesen ihn noch genauer im christlichen Glauben (Apg 18,26). Dieses christliche Ehepaar unterstützte auch den heiligen Apostel Paulus - ähnlich wie die Geschwister Lazarus, Martha und Maria Jesus und Seine Jünger unterstützt hatten. Paulus nennt eine ganze Reihe weiterer Laienmitarbeiter in Röm 16,1ff. Alle dienten dem Auftrag der Kirche: der Ausbreitung der Frohen Botschaft Jesu Christi zur Ehre Gottes, des Vaters. Die Laien haben dadurch Anteil an der Sendung der Apostel, Bischöfe und Priester, die das Wort Gottes verkünden und das christliche Volk durch die Spendung der Sakramente heiligen.

Durch die heilige Taufe wird man Mitglied in der Kirche und von Gott mit den göttlichen Tugenden des Glaubens, der Hoffnung und der Liebe ausgestattet. Der Glaube schenkt uns das Vertrauen in Jesus, unseren Herrn und Gott, sowie Seine ewig wahren und vollkommenen Worte. Die Hoffnung ermöglicht uns, alles Gute und das Ewige Leben von Christus zu erwarten. Die Liebe gewährt uns die dazu notwendige Anhänglichkeit an den Herrn und das Wohlwollen für unsere Mitmenschen. In der heiligen Firmung wird man durch den Heiligen Geist zum mutigen Bekenntnis zu Jesus Christus in Wort und Tat gestärkt. Diese Geschenke dürfen wir nicht für uns behalten. Die heilige Pflicht

---

[6] Vgl. dazu die beiden Bücher *Dominus est* und *Corpus Christi* von Bischof Athanasius Schneider.

der Laien ist die Verwirklichung eines christlichen Lebens der Liebe in der Familie, in der Schule und am Arbeitsplatz. Die Priester haben nur wenig Gelegenheit, dort hinzukommen, so dass die Laien hier umso mehr gefordert sind! Dafür werden sie durch den dreifaltigen Gott in den Sakramenten geheiligt. Der Heilige Geist schenkt uns auch noch besondere Gaben (Talente), die wir zur Ausbreitung Seines Reiches nutzen dürfen. Es ist unsere heilige Pflicht, dies zu tun und mit Christus im Gebet, durch unser Wollen sowie durch unsere Worte und Taten immer in Verbindung zu bleiben. Tun wir das Gute in Liebe, Freundschaft und Treue zu Gott und den Nächsten. Bitten wir die Gottesmutter Maria um ihre Hilfe und ihren Schutz. Verfolgungen jeglicher Art werden dabei nicht ausbleiben, was durch die Geschichte der Kirche und unsere persönlichen Erfahrungen bestätigt wird. Jesus spricht zu Seinen Jüngern und auch uns die Worte: *Wenn sie mich verfolgt haben, so werden sie auch euch verfolgen; wenn sie an meinem Wort festgehalten haben, so werden sie auch an eurem Wort festhalten* (Joh 15,20).

Wie sieht das Wirken der Laien im Weinberg des Herrn nun konkret aus?

Die Eltern geben den Glauben an Jesus Christus, unseren Herrn und Gott, an ihre Kinder weiter – ebenso die Lehrer. Jeder Christ tut diesen heiligen Dienst durch ein vorbildliches Leben in Wort und Tat an seinem Platz. Als Fundament dürfen dabei das tägliche Gebet und die fromme Teilnahme an der Sonntagsmesse nie fehlen. Sind wir aufmerksam und nehmen Gläubige mit zur Sonntagsmesse, die keine Fahrgelegenheit haben! Darüber hinaus dienen die heiligen Messen an den Werktagen sowie weitere Gottesdienste der Heiligung der Christen. Diese Geschenke Gottes werden oft zu wenig gewürdigt. Der Gabentisch Gottes ist übervoll! Laien dürfen, ja müssen, im Notfall auch die Taufe spenden. Dazu genügt Wasser, womit man den zu Taufenden besprengt und dabei die Worte sagt: *Ich taufe dich im Namen des Vaters, des Sohnes und des Heiligen Geistes.* Die Feier der heiligen Messe, die Spendung der heiligen Beichte, der heiligen Krankensalbung, der heiligen Firmung und der heiligen

Weihen ist den Priestern und Bischöfen vorbehalten, sonst sind diese Sakramente nicht gültig. Der schöne Brauch, den Segen von Vater und Mutter mit Weihwasser zu empfangen, darf auch nicht in Vergessenheit geraten.

Zum Laienapostolat gehören auch die Werke der Nächstenliebe, die alle Christen zusammen mit den Bischöfen, den Priestern und den Diakonen ausüben: *Was ihr dem Geringsten meiner Brüder getan habt, das habt ihr Mir getan* (Mt 25,40). Dazu zählen die bekannten Werke der leiblichen und geistigen Barmherzigkeit. Das heißt konkret: Die Hungrigen speisen, den Durstigen zu Trinken geben, die Obdachlosen und Fremden aufnehmen, die Nackten bekleiden sowie die Kranken und Gefangenen besuchen. Dazu fügt die kirchliche Tradition noch das Begraben der Toten und die Werke der geistigen Barmherzigkeit hinzu: die Unwissenden belehren, die Zweifelnden beraten, die Trauernden trösten, die Sünder in Liebe zurechtweisen, anderen verzeihen, Lästige ertragen für die Lebenden und die Verstorbenen beten. Dies alles sollte natürlich situationsgemäß nach der Klugheit Gottes und Seinen Gesetzen in Demut und Liebe geschehen und zwar dort, wo man verantwortlich ist. Sehen wir Sünden und Fehler bei prominenten Personen, so dürfen wir als Sünder weder etwas schön reden, noch den ersten Stein werfen, sonst sündigen auch wir. Vielmehr ist unsere Aufgabe das Gebet und ein Leben der Liebe.

Das Laienapostolat verwirklicht sich auch im Kirchenchor, im Dienst der Mesner, Organisten und Ministranten, in der Weiterbildung durch Vorträge, Kongresse, Zeitschriften sowie im Internet. Es ist dabei darauf zu achten, dass man die Wahrheit in der Liebe verkündet. Schließlich sei noch auf verborgene Dienste wie Kochen, Putzen und ähnliche Tätigkeiten verwiesen, die leider oft übersehen werden. Hier wird besonders die Demut gelebt. Ohne diese absolut notwendige Tugend kommen wir nicht voran. Bitten wir den Herrn täglich darum mit den Worten *Jesus, sanftmütig und demütig von Herzen – bilde unser Herz nach Deinem Herzen.* Ich wiederhole es auch jedes Mal mit frohem und liebendem Herzen: Sind wir gut zueinander. So leben wir die Gottes- und die

Nächstenliebe als das Zentrum jedes Apostolates – als das Zentrum unserer christlichen Sendung.

3.4 Der Sonntag[7]

Der frühchristliche Theologe Justin der Märtyrer erwähnt das Wort *Sonntag* zum ersten Mal in einem Schreiben an den Juden Tryphon um das Jahr 150: An diesem *ersten Tag der Woche* erschuf Gott die Welt, ist Christus von den Toten erstanden und versammeln sich die Christen zum Gottesdienst. Bevor sich das Wort *Sonntag* vor allem bei den Germanen einbürgerte, verwendete man gemäß der Heiligen Schrift die Worte *erster Tag der Woche*, *achter Tag* oder *Herrentag*. In allen vier Evangelien können wir von der Auferstehung Jesu Christi am ersten Tag nach dem Sabbat (Samstag) lesen: Nach Ablauf des Sabbats, im Morgengrauen des ersten Wochentages, kamen Maria Magdalena und die andere Maria, das Grab zu besichtigen (Mt 28,1; Mk 16,2; Lk 24,1-43; Joh 20,1-25). Die Apostelgeschichte verwendet für die Feier der heiligen Messe am *ersten Tag der Woche* den Begriff des *Brotbrechens* (Apg 20,7-11). Auch Paulus schreibt von der Versammlung der Heiligen (getaufte Christen) zum Gottesdienst am *ersten Tag der Woche* (1 Kor 16,1f). Im Johannesevangelium wird uns davon berichtet, dass Sich Jesus als der Auferstandene am *achten Tag* (dem Weißen Sonntag) den Aposteln und dem Thomas im Abendmahlssaal zeigte (Joh 20,26). Die Offenbarung des Johannes beschreibt dessen Entrückung im Geiste am *Herrentag* (Offb 1,10).

Halten wir fest: Die Heilige Schrift berichtet uns von der Auferstehung Jesu Christi am *ersten Tag der Woche.* Sie nennt diesen Tag aus diesem Grund *Herrentag.* Die an diesem Tag gefeierten Gottesdienste bestehen aus einem

---

[7] Erstveröffentlichung: Der Sonntag und die heilige Messe, in: Der Fels 46 (2015) 164f.

Opfergottesdienst und dem Wortgottesdienst. Im Zentrum des Wortgottesdienstes stehen die Lesungen aus der Heiligen Schrift, die Predigt und der Gesang der Psalmen. Diesen ersten Teil der heiligen Messe übernahmen die Christen von den Juden, die sich allerdings am Sabbat (Samstag) versammelten. Auch Jesus besuchte regelmäßig am Sabbat den Gottesdienst, las aus der Heiligen Schrift vor und predigte (Lk 4,16-22).

Der zweite Teil der heiligen Messe (Opfergottesdienst) geht zurück auf das Letzte Abendmahl (Mt 26,26-28; Mk 14,22-24; Lk 22,19-20; 1 Kor 11,23-25) und das Opfer Jesu Christi am Kreuz (Mt 27,45-50; Mk 15,33-35; Lk 23,44-46; Joh 19,25-30). Im Unterschied zu den Juden versammeln sich die Christen wegen der Auferstehung Jesu am *ersten Tag der Woche*, nicht am siebten Tag. Der Barnabasbrief (etwa zwischen 98 und 110 verfasst) legt Wert auf diesen Unterschied: Wegen der Auferstehung Jesu Christi am *ersten Tag* der Woche verschiebt sich nach dem Willen Gottes die Würde des Sabbats auf den Sonntag! Gott schließt durch die Heilsereignisse beim Letzten Abendmahl und den Tod Jesu am Kreuz einen Neuen Bund, den Er durch die Auferstehung Jesu am *Sonntag* beglaubigt!

Gehen wir an diesem Tag zur heiligen Messe. Die heilige Messe ist die geheimnisvolle und sakramentale Gegenwärtigsetzung des Opfers Christi gemäß Seinen eigenen Worten: „Das ist Mein Leib, der für euch [am Kreuz] hingegeben wird. Tut dies zu Meinem Gedächtnis“ (Lk 22,19). Für die Zelebration der hl. Messe weihte Jesus beim Letzten Abendmahl die Apostel zu Bischöfen. Die Apostel wiederum gaben diese Weihegnade weiter an Priester und Bischöfe, damit das Opfer Christi vom Aufgang der Sonne bis zu ihrem Untergang gegenwärtig wird. Die Teilnahme der Gläubigen am sonntäglichen Gottesdienst wird im Hebräerbrief mit sehr deutlichen Worten angemahnt: „Lasst uns nicht unseren Zusammenkünften fernbleiben, wie es einigen zur Gewohnheit geworden ist, sondern ermuntert einander, und das um so mehr, als ihr seht, dass der Tag naht. Denn wenn wir vorsätzlich sündigen, nachdem wir die Erkenntnis der Wahrheit empfangen haben, gibt es für diese Sünden kein Opfer mehr. Meint ihr nicht, dass eine noch viel härtere Strafe der verdient, der den Sohn Gottes mit Füßen getreten, das Blut des Bundes, durch das er geheiligt wurde, verachtet und den Geist der Gnade geschmäht hat?" (Hebr 10,25f.29). Verachten wir also das in der heiligen Messe vergossene Bundesblut Jesu Christi nicht durch unser Fernbleiben, sondern nehmen wir Sonntag für Sonntag in anbetender Liebe und Dankbarkeit daran teil. Lassen wir uns durch das am Kreuz vergossene Bundesblut Jesu Christi in der heiligen Beichte von unseren Sünden reinigen wie es der rechte Schächer am Kreuz in aller Demut getan hat (Lk 23,39-43). Sehen wir die Teilnahme an der Sonntagsmesse als innere Verpflichtung wie die ersten Christen. Christus selbst wird bei der Wandlung gegenwärtig in Seinem Leib und Blut, in Seiner Gottheit und Menschheit verborgen unter den Gestalten von Brot und Wein. Die Eigenschaften von Brot und Wein bleiben erhalten, deshalb bemerken unsere äußeren Sinne nichts. Aber wir wissen gemäß den Worten Jesu „Das ist Mein Leib; das ist Mein Blut" (Mk 14,22f), dass Er wahrhaftig gegenwärtig ist. Bei diesem größten Ereignis auf Erden wollen wir am *Sonntag* nicht fehlen! Was tun wir alles für unsere Gesundheit oder unser Vergnügen! Tun wir etwas für unsere Seele; denn uns muss es zuerst um das Reich Gottes und seine Gerechtigkeit gehen, dann wird uns alles andere dazu gegeben (Mt 6,33).

Nehmen wir uns die ersten Christen zum Vorbild. Es gibt viele alte Zeugnisse, die uns von der Feier der heiligen Messe am *Herrentag* (*Sonntag*) berichten. Wir lesen davon in der *Didache*. Dieses um das Jahr 100 entstandene Schreiben könnte man auch als den ältesten Katechismus bezeichnen. Der heilige Papst und Märtyrer Clemens von Rom (+ 101) fordert in einem Brief die Korinther auf, an der Sonntagsmesse teilzunehmen. Der heilige Märtyrerbischof Ignatius von Antiochien (+ 110) ermahnt in Briefen die Epheser und Magnesier, die heilige Messe am Sonntag zu besuchen. Tun sie es nicht, sind sie stolz und richten sich selbst. In der heiligen Messe wird Gott auf Erden am meisten geehrt. Denn das Kreuzesopfer, das Sein eingeborener Sohn Jesus Christus aus unendlicher gehorsamer Liebe dargebracht hat, wird auf unseren Altären gegenwärtig. Während der grausamen Christenverfolgung unter Kaiser Diokletian ließen sich im Jahr 304 die Christen trotz Todesdrohungen nicht von der Teilnahme an der Sonntagsmesse abschrecken. Hier seien stellvertretend die 49 Christen genannt, die den Märtyrertod bei Karthago erlitten.

Auch heute wird uns noch von ähnlichen Beispielen mutiger Christen berichtet. In Afrika empfingen drei Geschwister im Alter zwischen 10 und 14 die Taufe. Sie nahmen einen fünftägigen Fußmarsch auf sich, um an der Sonntagsmesse teilzunehmen. Da sie die einzigen Christen in einem heidnischen Dorf waren, wurden sie von ihrem Vater furchtbar geschlagen. Sie blieben Jesus treu und kamen wieder zur heiligen Messe. Ein vierzehnjähriger Waise verzichtete nach dem II. Weltkrieg auf die Adoption und den Bauernhof, den ihm seine Pflegeltern, die ihn gut behandelten, für den Abfall vom katholischen Glauben anboten. Ein Mädchen gleichen Alters wurde von ihrem Stiefvater geschlagen, weil sie in die Sonntagsmesse ging. Heute müssen wir dafür Spott und Verachtung auf uns nehmen. Wer durch eine schwere Krankheit, die Pflege von Kranken oder aus beruflichen Gründen (Dienst an Kranken, Feuerwehr, Polizei, Notfälle) an der Teilnahme der Sonntagsmesse gehindert wird, ist entschuldigt. Sind wir aber erfinderisch: Tauschen wir so weit es möglich ist, unsere Dienste, um in die heilige Messe gehen zu können. Machen wir nicht Urlaub in Ländern, in denen wir keine katholische Sonntagsmesse mitfeiern können, es gibt immer andere Länder als Alternativen. Verschieben wir für die Sonntagsmesse auch Ausflüge und Fahrten. Es ist zu unserem seelischen Nutzen! Sammeln wir Schätze für die Ewigkeit, die nicht verrotten und von den Motten gefressen werden (Mt 6,19f). Gott wird uns diese Treue, diese Liebe reich vergelten. Er braucht uns nicht, wir aber Ihn. Sind wir Ihm in Dankbarkeit zugetan, denn uns muss es zuerst um das Reich Gottes und Seine Gerechtigkeit gehen, dann wird uns alles andere dazu gegeben (Mt 6,33).

3.5 Unsere Mission, unsere Sendung: verzeihen – beten - lieben[8]

Das Wort *Mission* kommt von dem lateinischen Wort *mittere = senden.* In jeder lateinischen heiligen Messe ruft der Priester oder Diakon den Gläubigen zu: *Ite missa est = Geht, ihr seid gesendet.* Diese Aufforderung an uns geht auf Jesus zurück: „Wie Mich der Vater *gesandt* hat, so *sende* Ich euch“ (Joh 20,21). „Ich *sende* euch wie Schafe mitten unter die Wölfe“ (Mt 10,16). „Aber der Heilige Geist wird euch in der gleichen Stunde eingeben, was ihr sagen müsst“ (Lk 12,12). So gibt uns Jesus für diese enorm schwierige *Sendung* die größtmögliche Hilfe: Gott, den Heiligen Geist selbst!

Schauen wir auf den Ursprung dieser göttlichen *Sendungen.* Der Vater *sendet* Seinen einzigen Sohn Jesus Christus in die Welt. Seine *Mission*, Seine *Sendung* ist die Verkündigung des Evangeliums vom Reich Gottes. Jesus stillt den Seesturm, heilt Kranke, erweckt Tote, wandelt Wasser in Wein und wirkt die Brotvermehrung. Durch diese Wunder beglaubigt Er seine *Sendung.* Er ist vom Vater *gesandt*, zu suchen, was verloren ist und zu heilen, was verwundet ist (Lk 19,10). Die tiefste Verwundung der Menschen ist die Trennung von Gott aufgrund der Sünden. Durch das Erlösungswerk Jesu erlangen wir die Vergebung der Sünden. Jesus *verzeiht* der Ehebrecherin, dem Zöllner Zachäus und dem Gelähmten. Die Schriftgelehrten denken im Stillen „Wie kann dieser Mensch so reden? Wer kann Sünden vergeben außer dem einen Gott?“ (Mk 2,7). Jesus beweist sofort seine Gottheit, indem Er den Schriftgelehrten ihre geheime Gedanken offenbart und den Gelähmten auf der Stelle heilt (Mk 2,8-12). Ein weiterer Beweis Seiner Göttlichkeit ist Seine Auferstehung von den Toten am dritten Tag (Lk 24).

---

[8] Erstveröffentlichung: Unsere Sendung ist verzeihen – beten - lieben, in: Der Fels 46 (2015) 196f.

Zur Fortsetzung Seines Erlösungswerkes in der Kirche *sendet* Jesus nach Seiner Himmelfahrt an Pfingsten vom Vater den Heiligen Geist als Tröster, Beistand und Heiligmacher. Jesus verspricht vor Seinem Leiden und Tod Seinen Jüngern die unerlässliche Hilfe des Heiligen Geistes, der sie tiefer in alles einführen wird, was Er ihnen gesagt hat (Joh 16,13). Der Heilige Geist wirkt in der Kirche durch die Sakramente, den Papst, die Bischöfe, die Priester, die Diakone und die Gläubigen, damit alle ihre jeweilige *Sendung* erfüllen können. Dabei ist zu beachten, dass diese *Sendung* nur in Übereinstimmung mit den Gesetzen Gottes erfolgen kann: „Wenn ihr Mich liebt, werdet ihr Meine Gebote halten" (Joh 14,15). Nur in der Kraft des Heiligen Geist sind die Apostel und wir in der Lage, unsere *Sendung* zu erfüllen: „Darum geht zu allen Völkern, und macht alle Menschen zu Meinen Jüngern; tauft sie im Namen des Vaters und des Sohnes und des Heiligen Geistes, und lehrt sie alles befolgen, was Ich euch geboten habe" (Mt 28,19f).

Alle haben wir als getaufte und gefirmte Christen Anteil an dieser *Sendung* durch Jesus. In besonderer Weise sind diejenigen in die heilige Pflicht genommen, die das Sakrament der Weihe empfangen haben. Im Folgenden wollen wir uns mit den Grundlagen beschäftigen, die für die *Sendung* aller Gläubigen durch unseren Herrn und Gott Jesus Christus wichtig sind: dem *Verzeihen*, *Beten* und *Lieben*.

Vergib uns unserer Schuld, wie auch wir vergeben unseren Schuldigern (Mt 6,12). Wenn wir das *Vater unser* ernst nehmen, müssen wir unseren Mitmenschen in der Kraft und Liebe Gottes *verzeihen*, sonst kann uns auch Gott in der heiligen Beichte nicht *vergeben*. Sieben mal siebenundsiebzigmal verlangt Jesus von Petrus (Mt 18,22) und auch von uns, den Mitmenschen zu vergeben. Das fällt uns oft sehr schwer, besonders wenn wir tief verletzt und ungerecht behandelt wurden. Aber Jesus wurde noch unendlich viel stärker als wir verletzt und ungerecht behandelt durch unsere Sünden. Er betet vor seiner Kreuzigung „Vater, vergib ihnen, denn sie wissen nicht, was sie tun" (Lk 23,34). Jesus meint

nicht nur seine damaligen Henker, sondern auch uns, die wir Ihn durch unsere Sünden so tief verwundet haben.
Damit wir in der Lage sind, an uns begangenes Unrecht zu vergeben, bedarf es der Gnade und Hilfe Gottes, die Er uns gerne schenkt. Sein Gabentisch ist übervoll. Jesus fordert uns auf „Alles, um was ihr in Meinem Namen bittet, werde Ich tun" (Joh 14,13). Es ist natürlich ausgeschlossen, dass wir etwas gegen die Gesetze und den Willen Gottes erflehen dürfen. „Dein Wille geschehe" (Mt 6,10) ist die wirksamste Bitte, weil Gott „will, dass alle Menschen gerettet werden und zur Erkenntnis der Wahrheit gelangen" (1 Tim 2,4).

Beten, das heißt unser Herz zu Gott erheben, um mit Ihm zu sprechen. Das Gebet ist das Fundament unseres Lebens. Wie wir die Luft zum Atmen brauchen, so brauchen wir das Gebet: Gott danken für Seine Wohltaten, Ihn loben und preisen, das sind die Ziele unserer Gebete. Die Bitten, die wir Gott vortragen, sind uns viel eher gegenwärtig wie Anbetung, Lob und Dank, weil wir von unseren Schwierigkeiten erdrückt werden. Denken wir aber daran: Jesus, unser Herr, kennt in Seiner göttlichen Allwissenheit alle unsere Schwierigkeiten, die Er selbst bis zum Kreuz aus Liebe zu uns durchgetragen hat. In Seiner Allmacht, Barmherzigkeit, Güte und Liebe ist Er gerne bereit, uns beizustehen.

Schließlich bedarf es zu unserer Vollkommenheit der *Liebe*: *„Liebt* einander, wie Ich euch geliebt habe" (Joh 15,9-17). Jesus verlangt von uns die Gottes- und die Nächstenliebe, ja sogar die Feindesliebe (Mt 5,44). Dazu wird Er uns seine Gnade geben, ohne die wir nicht in der Lage sind, Seine Gebote zu halten. Der dreifaltige Gott schenkt sich uns ganz, Er wohnt in uns, wenn wir an Jesu Wort festhalten und Ihn lieben (Joh, 14,23). Jesus lässt uns nicht allein. Er ist bei uns bis zum Ende der Welt (Mt 28,20).

Kehren wir nun zurück zu unserer *Mission*, zu unserer *Sendung*. Nicht jedem ist es gegeben, nicht jeder hat die Berufung und die Fähigkeit, als

Missionar in die Welt zu ziehen. Wir können aber wie die kleine heilige Teresia vom Kinde Jesu im Herzen der Kirche durch unser *Verzeihen, Beten* und *Lieben* wirken. Das schließt ein vorbildliches Leben nach dem Willen Gottes mit ein. Mit dem folgenden Gebet wollen wir dem allmächtigen, gütigen und barmherzigen Vater für die *Sendung* Seines Sohnes danken. Diese *Sendung* ist der Grund unserer Erlösung und hat unsere ewige Vollendung beim dreifaltigen Gott der Liebe zum Ziel:

Ich bete Dich an, o mein Gott, denn Du bist die Allmacht der Liebe und ich preise Deine barmherzige Güte. Herr, lass mich immer mehr in Deiner Liebe wachsen dürfen. An Dich glaub ich, auf Dich hoff ich, Gott, von Herzen lieb ich Dich. Keiner kann mir diesen Glauben, weder Tod noch Hölle rauben. Und wenn einst mein Herz will brechen, will ich noch im Tode sprechen: An Dich glaub ich, auf Dich hoff ich, Gott von Herzen lieb ich Dich. Amen.

Nun können wir auch unsere *Sendung*, unsere *Mission*, etwas erweitern. Schreiben wir dieses Gebet ab, vervielfältigen und verteilen wir es, so können auch andere daran teilhaben. Wir sitzen alle im Rettungsboot Jesu Christi, Seiner einen, heiligen, katholischen und apostolischen Kirche. Gemäß dem Missionsbefehl Jesu (Mt 28,29f) haben wir den Auftrag, alle Menschen in dieses Boot zu holen. Jesus weiß, dass dies nicht einfach ist, aber Er verlangt unsere Hingabe. Unser Lohn ist Seine unendliche Liebe, das unendliche Glück bei Ihm, „was kein Auge gesehen und kein Ohr gehört hat, was keinem Menschen in den Sinn gekommen ist: das Große, das Gott denen bereitet hat, die Ihn *lieben* (1 Kor 2,9).

3.6 Advent = Ankunft des Herrn[9]

Im *Advent*, dem Beginn des Kirchenjahres, steht die zweifache Ankunft unseres Herrn und Gottes Jesus Christus im Mittelpunkt. Wir gedenken der Menschwerdung der zweiten göttlichen Person (Joh 1,1-14) vor mehr als 2000 Jahren, die wir an Weihnachten, der Geburt Jesu Christi, feiern. Gottes ewiger Sohn wurde Mensch aus der Jungfrau Maria, um uns von unseren Sünden durch Sein Leiden, Seinen Tod und Seine Auferstehung zu erlösen. Jesus sandte uns an Pfingsten, der Geburtsstunde der Kirche, vom Vater den Heiligen Geist, der in der Kirche durch die Verkündigung des Evangeliums sowie in den Sakramenten wirkt. Jesus hat uns versprochen, dass Er bei uns bleibt bis zum Ende der Tage (Mt 28,20). Dieses Versprechen hält Er ein durch Seine Gegenwart im Wort und im Sakrament, besonders in der hl. Messe und im Tabernakel.

Der Aspekt der ersten Ankunft Jesu Christi hat den Blick auf Seine zweite Ankunft am Jüngsten Tag, dem Ende der Zeiten, etwas in den Hintergrund treten lassen. Mit diesem Kommen Jesu Christi, dessen Zeitpunkt nur Gott kennt (Mt 24,36), wollen wir uns im Folgenden etwas näher beschäftigen. Die Wiederkunftsrede Jesu im 24. und 25. Kapitel des Matthäusevangeliums bietet wesentliche Anhaltspunkte, die mithilfe des Kommentars der Jerusalemer Bibel erläutern werden sollen.

Jesus verknüpft in seiner Endzeitrede Ereignisse des Weltendes mit der Eroberung und Zerstörung Jerusalems durch die Römer im Jahr 70. Der Tempel wird niedergerissen, kein Stein wird auf dem anderen bleiben (Mt 24,2) und die Jünger werden gehasst und getötet (Mt 24,10). Dieser Satz bezieht sich auf alle Zeiten, da von Anfang an bis heute die Jünger Jesu verfolgt und ermordet

[9] Erstveröffentlichung: „Er wird wiederkommen in Herrlichkeit". Adventsgedanken über die Wiederkunft des Herrn, in: Der Fels 46 (2015) 339f.

werden. Der Herr fordert die Jünger auf, in die Berge zu fliehen, wenn Jerusalem durch heidnische Gräuel bedroht wird (Mt 24,15-20). Tatsächlich gelang dies den Christen beim Anrücken der römischen Belagerer.

Immer wieder kombiniert Jesus Aussagen vom Weltende mit den Ereignissen bei der Zerstörung Jerusalems. Manche Geschehnisse wie die dann sich ereignende große Not (Mt 24,21) treffen auf beide Katastrophen zu. Die Sonnenfinsternis, das Ende der Sterne, das Erscheinen des Kreuzes am Himmel und das Sammeln der Menschen durch die Engel (Mt 24,29-31) wird erst am Ende der Zeiten geschehen. Der Ausspruch Jesu „*Amen, ich sage euch: Diese Generation wird nicht vergehen, bis das alles eintrifft*" (Mt 24,34) bezieht sich auf die Zerstörung Jerusalems. Viele denken fälschlicherweise, Jesus habe ein nahes Ende der Welt erwartet und Sich dabei geirrt. Jesus ist wahrer Gott und ein Irrtum ist bei Ihm unmöglich. Wenn Er sagt, dass nur der Vater und nicht einmal der Sohn den Zeitpunkt des Weltendes kenne (Mt 24,36), so meint dieser Satz wie viele Kirchenväter und Kirchenlehrer bekennen, dass Jesus als Menschensohn nicht den Auftrag hatte, uns diesen Zeitpunkt zu offenbaren, damit wir in unserer Wachsamkeit und Treue zu Gott nicht nachlassen (Mt 24,42-44).

Die meisten Menschen werden nicht mehr auf Erden leben, wenn das Weltende eintrifft. Es ist wichtig, immer auf den eigenen Tod vorbereitet zu sein, ganz gleich ob dieser mit dem Ende der Welt zusammenfällt oder schon früher eintritt. Dies verdeutlicht uns Jesus durch das Gleichnis von den zehn Jungfrauen (Mt 25,1-13). Die törichten Jungfrauen waren nicht auf das Kommen des Bräutigams vorbereitet, weil sie kein Öl in ihren Lampen hatten. Sie hatten keine guten Werke vorzuweisen. Jesus erklärt dies im Gleichnis von den Talenten (Mt 25,14-30), die man nicht vergraben darf. Man muss mit den Gaben, die Gott uns schenkt, für das Reich Gottes wirken, indem man das Gute tut und das Böse meidet. Richtschnur sind uns dabei die Gesetze Gottes (zehn Gebote) und die Werke der Barmherzigkeit (Mt 25,35-46), die uns die Gottes-

und Nächstenliebe näher erläutern: Die Hungrigen speisen, den Durstigen zu trinken geben, die Obdachlosen und Fremden aufnehmen, die Nackten bekleiden, die Kranken und Gefangenen besuchen sowie die Toten begraben (vgl. Tob 1,17f). Die Werke der geistigen Barmherzigkeit sind die Unwissenden belehren (Mk 6,34; Mt 28,19ff), die Zweifelnden beraten, die Trauernden trösten, die Sünder zurechtweisen (Joh 8,11), anderen verzeihen (Mt 6,12), für die Lebenden und die Verstorbenen beten (Joh 14,13f). Danach werden wir gerichtet werden. Die Gerechten werden mit Jesus in das ewige Leben eingehen, die anderen die ewige Strafe erhalten (Mt 25,46). Umso wichtiger ist es, für alle Menschen zu beten (Joh 14,13f; Mt 5,44) - so üben wir die Nächsten-, die Selbst- und die Feindesliebe (Lk 10,26f; Mt 5,44). Es ist klar, dass sich darüber einfacher schreiben lässt, als diese Forderung Jesu in die Tat umzusetzen. Ohne Seine Gnade, ohne Seine Hilfe, sind wir dazu nicht in der Lage. Beginnen wir damit im Gebet. „Die Botschaft vom Letzten Gericht ruft die Menschen auf, sich zu bekehren, so lange ihnen Gott noch ‚Zeit der Gnade', einen ‚Tag der Rettung' (2 Kor 6,2) schenkt. Sie führt zu heiliger Gottesfurcht. Sie verpflichtet zur Gerechtigkeit des Reiches Gottes. Sie kündigt die ‚selige Hoffnung' (Tit 2,13) auf die Wiederkunft des Herrn an, der kommen wird, um ‚inmitten seiner Heiligen gefeiert und im Kreis all derer bewundert zu werden, die den Glauben angenommen haben' (2 Thess 1,10)" (KKK 1041).

„Am Ende der Zeiten wird das Reich Gottes vollendet sein. Nach dem allgemeinen Gericht werden die Gerechten, an Leib und Seele verherrlicht, für immer mit Christus herrschen, und selbst das Weltall wird erneuert werden" (KKK 1042), da die Schöpfung durch die Sünden der bösen Geister und Menschen sehr stark verunstaltet wurde (Röm 8,19-23; KKK 1046). Die Hl. Schrift spricht in diesem Zusammenhang von dem neuen Himmel und der neuen Erde (2 Petr 3,13; KKK 1043). Auch die Kirche wird im Himmel zur Vollendung gelangen (KKK 1042). Diese Großtaten Gottes dürfen uns aber nicht dazu verleiten, die Hände in den Schoß zu legen, sondern wir sind aufgerufen, an diesem Werk mitzuwirken, was eine große Ehre für uns bedeutet!

Wir sind ausgegangen von dem Wort *Advent*. Dieser Begriff steht für die erste Ankunft Jesu Christi, um die gefallene und sündige Menschheit zu erlösen. Gott hat uns ohne unser Zutun erschaffen, will uns aber nicht ohne unser Mitwirken erlösen (Augustinus). Deshalb hat Er uns den freien Willen geschenkt, damit wir in der Lage sind, Seine Gnaden, Seine Gaben, in Freiheit anzunehmen und für uns und unsere Mitmenschen fruchtbar zu machen. Bei Seiner zweiten Ankunft (*Advent*) am Ende der Zeiten wird Jesus vor aller Welt offenbaren, wie wir mit seiner Liebe mitgewirkt haben. Beginnen wir damit immer wieder von neuem, geben wir nicht auf, bitten wir den Herrn um Seine unerlässliche Hilfe, die Er uns nicht verweigern wird. Schauen wir auf Sein Kreuz, dann wissen wir, was Er für uns alle aus Liebe getan hat. Das wird uns wie das folgende Gebet auch die Dankbarkeit Ihm gegenüber lehren:

„*Ich danke Dir, Herr Jesus Christ, dass Du für uns gestorben bist. Ach lass Dein Blut und Deine Pein an uns doch nicht verloren sein. Amen.*"

3.7 Ostern – Hochfest der Auferstehung Jesu Christi[10]

Jesus Christus ist nach Seinem Tod am Kreuz als Retter und Sieger hinabgestiegen in die Unterwelt - das Reich der Toten (vgl. KKK 631-635), um dort das Evangelium zu verkünden (1 Petr 4,6; 3,18f). Die Heilige Schrift nennt diesen Aufenthaltsort der Seelen der verstorbenen Menschen vor Christus auch *Scheol* oder *Hades* (Phil 2,10; Apg 2,24; Offb 1,18; Eph 4,9), weil dort die Anschauung Gottes wegen der Erbschuld noch nicht möglich gewesen ist

[10] Erstveröffentlichung: Ostern – Hochfest der Auferstehung Jesu Christi, in: Der Fels 47 (2016) 78f.

(Ps 6,6; 88,11-13). In diesem Aufenthaltsort sind die Seelen der Gerechten durch einen großen unüberwindlichen Graben getrennt von denjenigen der Bösen, wie uns Jesus im Gleichnis vom armen Lazarus und dem reichen Prasser verdeutlicht (Lk 16,22-26). Christus stieg hinab in die Unterwelt, damit alle Toten Seine Stimme hören (Eph 4,9; Röm 10,7; Mt 12,40; Joh 5,25) und die Gerechten durch Ihn aus der Knechtschaft der Sünde, des Todes und des Teufels befreit werden (Hebr 2,14f). Die Menschen aller Zeiten sollen der Erlösung durch Christus teilhaftig werden und ihre Knie vor Ihm beugen (Phil 2,10). Der Aufenthaltsort der verdammten Dämonen und Menschen ist damit nicht aufgehoben, sie bleiben auf ewig von Gott getrennt.

Jesus Christus wurde als Mensch am dritten Tag vom Vater von den Toten auferweckt (Apg 2,24; 13,32f): Er ist als Mensch in Seiner göttlichen Kraft von den Toten erstanden (Lk 24,5f; Joh 10,17f). Dieses Glaubensgeheimnis (KKK 638-658) ist ein wirkliches Geschehen, weil der auferstandene Herr Jesus Christus den Aposteln und Frauen erschienen ist, Sich von Thomas den Finger in die Seitenwunde legen ließ und mit den Aposteln gegessen hat (Mt 28,9; Joh 20,11-18.24-27; Lk 24,9f.34.39; Apg 1,22; 1 Kor 15,5).

Die Phantasie hat den Aposteln und den Frauen keinen Streich gespielt. Sie waren viel zu ängstlich und in alle Richtungen zerstreut, so dass man auch eine gemeinsame Wunschvorstellung sicher ausschließen kann, die dann von allen verkündet sowie mit größten Nachteilen bis zum eigenen Tod gegen den Widerstand der Mächtigen bezeugt wurde. Jesus Christus ist wahrhaftig von den Toten auferstanden, so dass eine kleine Schar ohne militärische Gewalt das übermächtige römische Reich in der Kraft und Gnade Gottes evangelisieren konnte. Wie verschieden fand und findet doch die Ausbreitung des Islams statt!

Wegen der guten Bewachung des Grabes und der großen Furcht der Apostel und Jünger ist auch ein Diebstahl des Leichnams oder eine Bestechung der Soldaten auszuschließen (Joh 20,13; Mt 28,11-15): Das leere Grab ist ein weiteres Zeichen für die Auferstehung Jesu Christi.

Die Auferstehung Jesu Christi ist keine Rückkehr in das irdische Leben wie bei der Totenerweckung des Lazarus, der Tochter des Jairus oder des Jünglings von Naim, die alle wieder gestorben sind. Der verklärte Auferstehungsleib Jesu (Lk 24,40; Joh 20,20.27) ist nicht mehr an Raum und Zeit gebunden, geht durch verschlossene Türen, trägt die Wundmale, hat für immer Anteil am Leben der Allerheiligsten Dreifaltigkeit und stirbt nicht mehr (1 Kor 15,35-50). Christi Auferstehung von den Toten bedeutet die Verbindung der Seele mit dem toten Leib bei gleichzeitigem Hinübergang in das übernatürliche göttliche Leben, was einen strahlenden und verklärten Leib mit einschließt.

In der Auferstehung Jesu Christi erfüllen sich die Verheißungen Jesu (Mk 10,34) sowie des Alten Bundes (Lk 6,7; 24,26f; 27,44-48; Apg 13,32f; 1 Kor 15,3) und es werden das Leben, die Worte und die Werke Jesu sowie Seine wahre Gottheit bestätigt (Joh 8,28). Der Kreuzestod und die Auferstehung Jesu befreien uns von Sünde, Tod und Teufel. Diese Gnade der Teilhabe am Leben der Allerheiligsten Dreifaltigkeit wird uns in der Taufe zugewendet, so dass wir zu Kindern Gottes werden. Wir tragen diesen Schatz in irdenen Gefäßen (2 Kor 4,6-10). Falls wir ihn durch eine Todsünde verlieren, empfängt uns der barmherzige Vater in der heiligen Beichte, um uns nach Reue, Bekenntnis und Vorsatz die Sünden zu vergeben, wie auch wir unseren Schuldnern vergeben haben.

Jesu Auferstehung bereitet die Auferstehung der Toten (KKK 988-1004) im Fleisch am Ende der Zeiten vor (1 Kor 15,20-22). Die Gottesmutter Maria erhielt von ihrem Sohn das besondere Privileg, sofort mit Leib und Seele in Seine himmlische Herrlichkeit eingehen zu dürfen. „'Auferstehung des Fleisches' [...] bedeutet somit, dass nach dem Tod nicht nur die unsterbliche Seele weiterlebt, sondern auch unsere ‚sterblichen Leiber' (Röm 8,11) wieder lebendig werden“ (KKK 990). Die Gerechten werden zur ewigen Freude am Leben der Allerheiligsten Dreifaltigkeit auferstehen, die Bösen in die ewige Verdammnis eingehen (2 Makk 7,9.14; Dan 12,1-13; Joh 5,29). Dort werden sie immer von Gott getrennt sein und furchtbare Qualen an Leib und Seele erleiden. Die Sadduzäer lehnten eine Auferstehung der Toten ab, worauf Jesus ihnen antwortet, dass sie weder die Heilige Schrift noch die Macht Gottes, der ein Gott der Lebenden ist, kennen (Mk 12,24.27).

Der auferstandene Herr und Gott Jesus Christus wird in Seiner Allmacht am Jüngsten Tag die Gerechten auferwecken (Joh 4,24f; 6,54). Im Tod trennen sich Leib und Seele, was leicht an einer Leiche zu beobachten ist, wenn man sie mit einem lebenden Menschen vergleicht. Die Seele tritt in ihrem persönlichen Gericht (KKK 1021f) vor den Richterstuhl Gottes und kommt danach entweder zu Gott in den Himmel (KKK 1023-1029), in die Reinigung (Fegfeuer: KKK 1030-1032) oder in die Hölle (KKK 1033-1037).

Bei der Wiederkunft Christi am Ende der Zeiten (Joh 6,39f.44.54; 11,24; 1 Thess 4,16) werden alle Toten auferstehen und die Scheidung der Guten von den Bösen wird für alle durch die Allmacht Gottes offenbar werden (KKK 1038-1041; Joh 5,28f). Alle Seelen erhalten vom allmächtigen Schöpfergott wieder ihren Leib, selbst dann, wenn er zum Staub, aus dem er gemacht wurde, zurückgekehrt ist (KKK 999). Die Gerechten erhalten einen schönen verklärten Leib, der nach dem Vorbild des verklärten Auferstehungsleibes Jesu Christi gestaltet sein wird, aber natürlich nicht dessen Schönheit erreichen wird (vgl. KKK 999f.1002f und 1 Kor 15,35-37.42.52f; Kol 2,12;3,1.4; Eph 2,6). Die Verdammten werden die ewige Strafe erhalten, die Gerechten in das ewige Leben eingehen (Mt 25,31-33.46).

Üben wir deshalb die Gottes- und Nächstenliebe, sind wir gut zu allen Menschen und beginnen damit im Gebet; denn Gott „will, dass alle Menschen gerettet werden und zur Erkenntnis der Wahrheit gelangen“ (1 Tim 2,4). Dafür gibt Gott allen Menschen ausreichend Gnade, auch wenn sie in noch so schlechte Situationen hineingeboren wurden. Gott wartet bis zum Schluss, denken wir nur an den rechten Schächer am Kreuz, den Jesus begnadigt hat und sofort mit sich in das Paradies genommen hat (Lk 23,42f). Wenn Menschen verloren gehen, liegt dies nicht an Gott, sondern an ihrem eigenen freien Willen, den sie zur Sünde missbraucht haben! Leben und verkünden wir unsere Hoffnung auf die Auferstehung der Toten: Christus ist uns im Tod und in der Auferstehung vorangegangen, was in der Heiligen Schrift bezeugt wird und unseren Glauben sowie unser Vertrauen auf Gott stärkt, der weder täuscht noch getäuscht werden kann, da Er die Allmacht der Liebe ist (1 Joh 4,8.16).

3.8 Das ewige Leben[11]

Der Monat November erinnert uns durch das Hochfest Allerheiligen und den Gedenktag Allerseelen an dreierlei: An die Heiligen im Himmel, an die Armen Seelen im Fegfeuer sowie an unseren eigenen Tod.

Die vielen bekannten und unbekannten Heiligen im Himmel haben das Ziel des Lebens erreicht. Sie sehen Gott „'wie Er ist' (1 Joh 3,2) ,von Angesicht zu Angesicht' (1 Kor 13,12)“ (KKK 1023) in seiner ganzen Herrlichkeit. Der Katechismus der katholischen Kirche schreibt, dass dieses „vollkommene Leben mit der Allerheiligsten Dreifaltigkeit, diese Lebens- und Liebesgemeinschaft mit ihr, mit der Jungfrau Maria, den Engeln und allen Seligen“ (KKK 1024) Himmel genannt wird. Der Himmel, das Leben bei Gott, ist die Erfüllung der eigentlichen Sehnsüchte der Menschen und der Zustand des höchsten und endgültigen Glücks, das uns kein endliches Geschöpf geben kann, sondern nur der unendliche, dreifaltige Gott: „Was kein Auge gesehen und kein Ohr gehört hat, was keinem Menschen in den Sinn gekommen ist: das Große, das Gott

[11] Erstveröffentlichung: Der Weg zum Leben bei Gott, in: Der Fels 46 (2015) 310f.

denen bereitet hat, die Ihn lieben" (1 Kor 2,9). Im Himmel leben wir mit Christus, der uns durch Sein Leben, Sein Leiden, Seinen Tod und Seine Auferstehung wieder den Weg zum Vater ermöglicht hat. Im Himmel werden wir angereichert werden mit den vielen Tugenden, die wir hier auf Erden noch nie kennengelernt haben. Den unendlichen und vollkommenen Gott werden wir nie ausschöpfen können. Die durch die vielen Sünden der unreinen Geister und Menschen so sehr mitgenommene und zerstörte Schöpfung (Röm 8,19-23) birgt noch so viele Schönheiten. Gott, der die Schönheit selbst ist, übertrifft Seine Schöpfung um ein Unendliches! So dürfen wir uns schon jetzt auf den Himmel freuen.

„Wer in der Gnade und der Freundschaft Gottes stirbt, aber noch nicht vollkommen geläutert ist, ist zwar seines ewigen Heiles sicher, macht aber nach dem Tod eine Läuterung [Reinigung = Purgatorium] durch, um die Heiligkeit zu erlangen, die notwendig ist, in die Freude des Himmels eingehen zu können" (KKK 1030). Diese Reinigung durch eine Art Feuer wird in der Hl. Schrift in 1 Kor 3,15 und in 1 Petr 1,6f beschrieben. Für die Armen Seelen im Fegfeuer sollen wir beten, wie es schon im Alten Testament überliefert wurde: Im Tempel zu Jerusalem wurde ein Opfer für Verstorbene abgehalten (2 Makk 12,45). Das Opfer schlechthin ist der Tod Jesu am Kreuz aus vollkommenem Gehorsam dem Vater gegenüber sowie aus Liebe zu uns sündigen Menschen. Diese Heilstat wird in jeder hl. Messe sakramental auf geheimnisvolle Art und Weise gegenwärtig. Christus selbst verwandelt das Brot in Seinen Leib und den Wein in Sein Blut, Er ist anwesend in Seiner Gottheit und Menschheit unter den Gestalten von Brot und Wein. Nur deren äußere Eigenschaften bleiben, das Eigentliche, die Substanz, ist der Leib und das Blut Jesu Christi. Dieses große Geheimnis nennt man auch Wesensverwandlung (Transsubstantiation). Sowohl die Lebenden als auch die Verstorbenen haben einen großen geistlichen Gewinn in jeder hl. Messe. Aus diesem Grund ist die *hl. Kommunion* der Mittelpunkt des Ablasses, der die zeitlichen Sündenstrafen nachlässt. Die ewige Sündenstrafe –

die Hölle als ewige Trennung von Gott – wird uns in der *hl. Beichte* nachgelassen, wenn wir dort unsere Sünden bekennen und bereuen. Die zeitliche Sündenstrafe bedeutet eine schädliche und ungeordnete Bindung an die Geschöpfe (KKK 1472). Sie zeigt an, dass wir die vollkommene Gottesliebe noch nicht erreicht haben. Unsere Seele ist noch mit Schlacken behaftet. Sie muss im Feuer gereinigt werden (Fegfeuer, Reinigung), was auch schon auf Erden durch ein gottesfürchtiges Leben und Bußwerke möglich ist. Als weitere Bedingungen für einen Ablass sind die willentliche Abwendung von jeglicher Sünde sowie ein besonderes Werk notwendig. In der ersten Novemberwoche bietet sich der Friedhofsbesuch an. Wir beten dort das *Glaubensbekenntnis*, das *Vater unser*, das *Ave Maria*, das *Ehre sei dem Vater* und ein Gebet nach Meinung des Hl. Vaters. Wenden wir den Ablass den Armen Seelen zu, sie werden uns für diese Tat der Nächstenliebe sehr dankbar sein.

„Wir können nicht mit Gott vereint werden, wenn wir uns nicht freiwillig dazu entscheiden, Ihn zu lieben. Wir können aber Gott nicht lieben, wenn wir uns gegen Ihn, gegen unseren Nächsten oder gegen uns selbst schwer versündigen: ‚Wer nicht liebt, bleibt im Tod. Jeder, der seinen Bruder hasst, ist ein Mörder, und ihr wisst: Kein Mörder hat ewiges Leben, das in ihm bleibt' (1 Joh 3,14f)" (KKK 1033). Mit ernsten Worten warnt uns Jesus vor dem ewigen Feuer (Mt 13,41f; 25,41). Der Herr warnt uns sogar vor den bösen Gedanken, die unrein machen und damit schon schwer sündhaft sind, wenn sie bejaht werden: „Denn von innen, aus dem Herzen der Menschen, kommen die bösen Gedanken, Unzucht, Diebstahl, Mord, Ehebruch, Habgier, Bosheit, Hinterlist, Ausschweifung, Neid, Verleumdung, Hochmut und Unvernunft. All dieses Böse kommt von innen und macht den Menschen unrein" (Mk 7,21-23). Jesus will, dass wir durch das enge Tor gehen, um zum ewigen Leben zu gelangen (Mt 7,13f). Niemand ist von Gott zur Hölle vorherbestimmt. Er schenkt jedem Menschen genügend Gnade zur Rettung. Gott will nicht, „dass jemand zugrunde geht, sondern dass alle sich bekehren" (2 Petr 3,9). Deshalb sind die Bewohner der Hölle an ihrem Schicksal selbst schuld, weil sie sich freiwillig von Gott abgewandt haben.

Das Eingangstor zum Himmel ist die Gottes- und die Nächstenliebe (1 Joh 3,14f), was sich im Halten der zehn Gebote Gottes manifestiert: „Wer Meine Gebote hat und sie hält, der ist es, der Mich liebt" (Joh 14,21). Die Werke der Barmherzigkeit (Mt 25,31-46) drücken unsere Liebe zum Nächsten aus: Die Hungrigen speisen, den Durstigen zu Trinken geben, die Obdachlosen und Fremden aufnehmen, die Nackten bekleiden, die Kranken und Gefangenen besuchen sowie die Toten begraben (vgl. Tob 1,17f). Die Werke der geistigen Barmherzigkeit sind dazu eine wunderbare Ergänzung, weil Jesus die Barmherzigen selig preist und ihnen Barmherzigkeit verspricht (Mt 5,48). Er fordert uns auf, barmherzig zu sein wie unser Vater im Himmel (Lk 6,36). Die Werke der geistigen Barmherzigkeit sind die Unwissenden belehren (Mk 6,34; Mt 28,19ff), die Zweifelnden beraten, die Trauernden trösten, die Sünder zurechtweisen (Joh 8,11), anderen verzeihen (Mt 6,12), für die Lebenden und die Verstorbenen beten (Joh 14,13f).

Beginnen wir nicht erst im hohen Alter mit der Sorge um eine gute Sterbestunde. Wir leben und sterben nur einmal (Hebr 9,27). Eine Seelenwanderung widerspricht der Einzigartigkeit unserer Seele, die ganz auf unseren Leib bezogen ist (KKK 2013). Der Tod – die Stunde des Herrn - kommt wie ein Dieb in der Nacht (1 Thess 5,1f; Offb 16,15). Daher ist es wichtig, immer wachsam zu sein im Gebet und auch für unsere Mitmenschen zu beten. Damit ist eine gute Vorbereitung durch das Halten der Gebote sowie die Werke der Barmherzigkeit verbunden. Eine ausgezeichnete und notwendige Hilfe ist die regelmäßige hl. Beichte, auf die wir uns durch eine Gewissenserforschung anhand eines Beichtspiegels gut vorbereiten. Das Lernen und Beten von Stoßgebeten bringt uns schon auf Erden in die Gegenwart Gottes. Deshalb drucke ich Ihnen hier noch mal die schönen Gebete ab, die ich schon in einem anderen Zusammenhang im FELS (Juli 2015) vorgestellt hatte:

Ich bete Dich an, o mein Gott, denn Du bist die Allmacht der Liebe und ich preise Deine barmherzige Güte. Amen.
Herr, lass mich immer mehr in Deiner Liebe wachsen dürfen. Amen.
An Dich glaub ich, auf Dich hoff ich, Gott, von Herzen lieb ich Dich. Keiner kann mir diesen Glauben, weder Tod noch Hölle rauben. Und wenn einst mein Herz will brechen, will ich noch im Tode sprechen: An Dich glaub ich, auf Dich hoff ich, Gott von Herzen lieb ich Dich. Amen.
Liebe Mutter, drück die Wunden, die Dein Sohn für uns empfunden, tief in unsere Seele ein. Amen.

4 Sakramente und Gottesdienst

4.1 Die Taufe[12]

Der Begriff der Taufe[13] leitet sich vom Eintauchen ab. Dies versinnbildlicht das Begrabenwerden mit Christus sowie seine Auferstehung (vgl. Röm 6,3f). Die Taufe ist das „Bad der Wiedergeburt und der Erneuerung im Heiligen Geist" (Tit 3,5), ohne die niemand „in das Reich Gottes kommen kann" (Joh 3,5). Damit wird uns der ordentliche Heilsweg eröffnet (vgl. Mk 16,16). Der außerordentliche Heilsweg der Ungetauften bleibt uns verborgen, wir dürfen uns hier nicht auf den Richterstuhl Gottes setzen: „Richtet nicht, damit ihr nicht gerichtet werdet" (Mt 7,1). Umso eifriger werden wir den ordentlichen Heilsweg im Hinblick auf die Sakramente und die Gesetze Gottes beschreiten. Wer würde solche Geschenke zurückweisen? Jesus selbst gab

[12] Erstveröffentlichung: Beginn des christlichen Lebens, in: Der Fels 46 (2015) 67f.

[13] Vgl. den Katechismus der katholischen Kirche = KKK, Nr. 1213 - 1284, Seite 341-355.

seinen Aposteln den Auftrag „Geht zu allen Völkern und macht alle Menschen zu Meinen Jüngern; tauft sie im Namen des Vaters und des Sohnes und des Heiligen Geistes, und lehrt sie, alles zu befolgen, was Ich euch geboten habe" (Mt 28,19f). An dieser Sendung haben alle Getauften Anteil, indem sie missionarisch wirken im Gebet und durch ein vorbildliches christliches Leben.[14]

Jesus selbst ließ sich von Johannes die Bußtaufe geben, obwohl Er dies als der gerechte und sündenlose Gottmensch nicht nötig gehabt hätte. Durch Seine Taufe hat Jesus die Wasser geheiligt und uns ein Beispiel in der Erfüllung der Gerechtigkeit Gottes gegeben. Schließlich offenbarte sich der dreifaltige Gott während der Taufe Jesu: Der Vater bestätigt Jesus als Seinen geliebten Sohn und der Heilige Geist kommt wie eine Taube auf Jesus herab (vgl. Mt 3,13-17). Die Taufe des Herrn durch Johannes war auch ein Hinweis auf Seinen Tod.

Jesus wählte für das wichtigste und grundlegende Sakrament der Taufe bewusst Wasser. Damit können wir den Vergleich zwischen unserem alltäglichen Leben und dem inneren Leben in der göttlichen Gnade herstellen. Ohne Wasser gibt es in der Natur kein Leben und keine Sauberkeit. Ohne die Taufe sind keine Wiedergeburt im Heiligen Geist und kein Abwaschen der Schuld möglich.

Die Wirkungen der Taufe sind das Wohnen des dreifaltigen Gottes in der Seele des Getauften. Dadurch wird die Erbschuld (= Trennung von Gott) getilgt und die heiligmachende Gnade geschenkt. Wir werden Kinder des Vaters, Glieder am Leib Christi und Tempel des Heiligen Geistes. Falls der Täufling persönliche Sünden hat, werden ihm auch diese und alle Sündenstrafen genommen. Dafür ist (bei Erwachsenen) natürlich die Reue notwendig. Die

---

[14] Durch die Berufung der Apostel und diese Sendung legt Jesus den Auftrag der Kirche fest. Denken wir auch an die Stelle Mt 16,18 „Du bist Petrus, der Fels, und auf diesen Felsen werde ich Meine Kirche bauen". Die Kirche hat ihre Sendung von Jesus und der Herr wollte, dass durch die Kirche Sein Sendungsauftrag im Heiligen Geist fortgeführt wird. Deshalb kam der Heilige Geist auf die Apostel am Pfingstfest herab (vgl. Apg 2).

ewige Sündenstrafe ist die ewige Trennung von Gott (Hölle), zeitliche Sündenstrafen sind gewisse Anhänglichkeiten an die Sünde wie die ungeordnete Begierlichkeit, Krankheit und Tod. Diese belässt uns Gott auch nach der Taufe, damit wir uns bewähren können in Seiner Liebe (vgl. 2 Tim 2,5). Denn Gott hat uns ohne unser Zutun geschaffen, will uns aber nicht ohne unser Mitwirken erlösen (Augustinus). Gott wartet auf uns, Er ist die Liebe und wir können jede Minute einen Neuanfang mit Ihm machen, wozu Er uns die Gnade gibt. Weitere Taufgeschenke sind die Liebe, der Glaube und die Hoffnung sowie die Eingliederung in den geheimnisvollen Leib Christi, die Kirche. Gott prägt unserer Seele ein unauslöschliches Siegel in der Taufe ein. Dadurch ist man erst in der Lage, die anderen Sakramente zu empfangen. Ein weiteres Siegel wird uns bei der Firmung und der heiligen Weihe verliehen. Diese Siegel werden erst im Himmel für uns sichtbar.

Die Wirkungen der Taufe werden in der feierlichen Taufspendung durch viele Zeichen ausgedrückt:

Der Täufling empfängt das Kreuzzeichen. Damit wird gezeigt, dass er Christus angehört, der durch Seinen Kreuzestod uns die Gnade der Taufe verdient und ermöglicht hat. Weil die Taufe die Befreiung von den Sünden ist, die auf den Teufel, ihren Anstifter, zurückgeht, werden bei der Taufe auch Befreiungsgebete (Exorzismen) gesprochen und eine Salbung mit Katechumenenöl (Taufbewerberöl) vorgenommen. Das Wasser versinnbildlicht - wie oben schon angedeutet - das Abwaschen der Schuld und das Eingießen des göttlichen Lebens. Beim dreimaligen Übergießen werden die wesentlichen Worte „*Ich taufe dich im Namen des Vaters und des Sohnes und des Heiligen Geistes*" gesprochen. Die Salbung mit dem heiligen Chrisam bezeichnet die enge Verbindung des Getauften zu Christus dem Gesalbten, das Überreichen des weißen Kleides die Reinheit und Sündenlosigkeit. Sünden, die später nach der Taufe begangen werden, sind zu bereuen und in der heiligen Beichte vor einem

Priester zu bekennen, damit sie durch Jesus verziehen werden. Auch dann lässt der Herr uns nicht allein in unserem Elend!

Die Kindertaufe wird aus der Heiligen Schrift durch die Taufe aller Angehörigen des Hauptmanns Cornelius (vgl. Apg. 10 und 11,14) und des Gefängniswärters in Philippi (vgl. Apg 16,31-32) begründet. Man darf den Neugeborenen dieses große Geschenk nicht vorenthalten, weil sie in der Taufe Tempel des Heiligen Geistes (vgl. 1 Kor 3,16) werden. Durch diese Gnade werden sie in die Liebe Gottes eingetaucht. Damit ist die Erbschuld, die Trennung von Gott getilgt. Ein größeres Geschenk gibt es nicht. Wie die Eltern für den Leib ihres Kindes durch Nahrung, Kleidung, Pflege und medizinische Hilfe sorgen, so haben sie auch umso mehr die Pflicht, die Seele ihres Kindes zu betreuen. Dabei unterstützt sie die Kirche durch die Taufe. Weil die Kindersterblichkeit und der Glaube an Gott stark zurückgegangen sind, schiebt man den Tauftermin viel zu lange auf und denkt fast gar nicht mehr an die Nottaufe (KKK 1284). Für eine Nottaufe benötigt man nur Wasser, das man über einen Körperteil (am besten - wenn es möglich ist - den Kopf) gießt. Gleichzeitig spricht man dabei die Worte „*Ich taufe dich im Namen des Vaters und des Sohnes und des Heiligen Geistes*". Eine Nottaufe kann jeder vornehmen. Dies ist das größte Geschenk, das man einem ungetauften Kind in Lebensgefahr machen kann.

Eine Taufe aus der Ferne ist nicht möglich, weil bei der Sakramentenspendung für die Gültigkeit die Anwesenheit gefordert ist. Deshalb ist es notwendig, für die abgetriebenen Kinder und die tot geborenen Kinder viel zu beten und sie Gottes Barmherzigkeit auch in der heiligen Messe zu empfehlen. Gott „will, dass alle Menschen gerettet werden und zur Erkenntnis der Wahrheit gelangen" (1 Tim 2,4). Jesus will auch, dass die Kinder nicht daran gehindert werden, zu ihm zu kommen (vgl. Mk 10,14). Somit ist es die vornehmste Aufgabe der Eltern, ihre Kinder so schnell wie möglich zu taufen (KKK 1261). Weil die Paten die Eltern in der Erziehung unterstützen sollen, ist es notwendig, dass sie den katholischen Glauben leben, getauft und gefirmt sowie mindestens 16 Jahre alt sind. Ein Leben gegen die Gesetze Gottes (zehn Gebote) widerspricht diesem Amt. Dazu bekommen wir die Stärkung des Hl. Geistes in der Firmung (von *firmare* = stärken), so dass wir Christus mutig vor den Menschen bekennen können.

Wir alle werden die Eltern und Paten im Gebet unterstützen: *Herrgott, lass uns immer mehr in Deiner Liebe wachsen dürfen. Amen.*

4.2 Die heilige Messe[15]

Mit diesem Artikel werden wir eine kleine Serie starten, die sich mit der heiligen Messe und ihren Riten beschäftigen wird.

Zunächst wollen wir auf die biblischen Grundlagen des heiligen Messopfers eingehen. Dafür ist es notwendig, eine kurze Definition der heiligen Messe vorauszuschicken: Die heilige Messe ist die unblutige sakramentale Gegenwärtigsetzung des Kreuzesopfers Jesu Christi, das dieser als der ewige Sohn aus gehorsamer Liebe dem Vater ein für allemal dargebracht hat, um uns sündige Menschen wieder mit Gott zu versöhnen.

Wir finden schon im Alten Testament Vorbilder für das heilige Messopfer. Abel brachte dem Herrn ein Opfer von seiner Schafherde dar und der „Herr schaute mit Wohlgefallen auf Abel und sein Opfer" (Gen 4,4). Abel hat im Gegensatz zu Kain eine reine Gesinnung, was bei jedem Opfer die Grundlage ist. Es ist wichtig, dass wir die absolute Oberhoheit Gottes in Liebe anerkennen und uns Ihm ganz schenken, indem wir Ihm unseren Eigenwillen abgeben. Ihm verdanken wir alles, ohne Ihn sind wir nichts. Gott ist das reine

---

[15] Erstveröffentlichung: Die heilige Messe. Vorbilder und Vermächtnis des Herrn, in: Der Fels 47 (2016) 318f.

Wohlwollen und die reine Liebe. Melchisedek, der Priester des Höchsten Gottes (Gen 14,18; Ps 110,4) bringt Brot und Wein als Opfergabe (Hebr 5-7). Der Zusammenhang zur heiligen Messe ist offensichtlich: Die Opfergaben Brot und Wein werden verwandelt in Jesu Leib und Blut. Abraham ist bereit, Gott seinen einzigen Sohn Isaak als Opfer darzubringen, was Gott verhindert (Gen 22). Gott selbst wird diese Liebestat in Seinem einzigen Sohn Jesus Christus vollbringen (Joh 3,16), um uns von unseren Sünden zu erlösen. Vor dem Auszug aus Ägypten (Ex 12) essen die Israeliten das Paschalamm. Während die Paschalämmer im Tempel zu Jerusalem geschlachtet wurden, gab Jesus Sein Leben am Kreuz für uns aus Liebe dahin.

Das Paschalamm muss ein Jahr alt sein und fehlerlos und ist Vorbild für Jesus Christus. Im Buch Levitikus erteilt Gott, der Herr, dem Mose Vorschriften für die darzubringenden Opfer, das alttestamentliche Priestertum und den Gottesdienst (Lev 1-8). Der Prophet Maleachi (Malachias) prophezeit im Auftrag Gottes ein nie endendes, reines Opfer (Mal 1,10f; 11,1), das im Kreuzes- und Messopfer Christi seine Erfüllung findet. Nur Er ist als der ewige Sohn in der Lage, Sich dem Vater im Heiligen Geist vollkommen hinzugeben, denn Gott ist die Liebe (1 Joh 4,8.16). Das Kreuzesopfer findet seine ewige Fortsetzung im Himmel und ist grundgelegt in der ewigen dreifaltigen göttlichen Liebe. Die Offenbarung des Johannes schreibt vom geschlachteten Lamm (Offb 5), was sich auf Jesus Christus, das Lamm Gottes, und Sein Opfer am Kreuz bezieht.

Jesus selbst kündigt immer wieder Sein Leiden, Seinen Tod und Seine Auferstehung (vgl. etwa Lk 9,23-27; Mt 20,17-19) als Opfer für die Vielen zur Vergebung der Sünden an (Mk 10,45). Darauf werden wir noch genauer eingehen. Ein Vorbild im Neuen Testament für die heilige Messe finden wir in der wunderbaren Brotvermehrung (Mt 14,21-31; 15,32-39). Niemand, der zu Jesus mit ehrlichem Herzen und Reue über seine Sünden hinzutritt, wird abgewiesen. In Seiner Eucharistischen Rede (Joh 6,48ff) bezeichnet Jesus Sich als das Brot des Lebens, dessen Genuss ewiges Leben bringt: „Wer Mein Fleisch isst und Mein Blut trinkt, hat das ewige Leben, und Ich werde ihn auferwecken am Letzten Tag“ (Joh 6,54). Diese Worte Jesu fordern heraus und verlangen absoluten Glauben. Jesus erfüllt Sein Versprechen beim Letzten Abendmahl, am Kreuz und in der heiligen Messe.

In den bisher beigebrachten Schriftzeugnissen steht das Opfer als ein Gott mit reiner Liebesgesinnung dargebrachtes Geschenk im Mittelpunkt. Von menschlicher Seite ist dabei zu beachten, dass wir dieses Geschenk aus den Gaben zurückgeben, die wir von seiner Güte schon zuvor empfangen haben, wobei uns unser Hochmut und Stolz oft stört. Kleine Kinder haben es da einfacher. Sie machen voller Freude ihren Eltern kleine Geschenke, die sie aus den Dingen auswählen, die sie von ihren Eltern bekommen haben. Im Messopfer bringen der Priester, die Kirche und die Gläubigen Jesus Christus dem Vater im Heiligen Geist als lebendiges Liebesopfer dar. Im Unterschied zum Kreuzesopfer, auf das sich jedes Messopfer bezieht, ist diese Hingabe unblutig. Christus ist Opfergabe, Opferpriester - vertreten durch Seinen geweihten Priester - und Opferaltar (vgl. Hebr 7-9). Deshalb werden unsere Altäre feierlich geweiht und immer wieder mit Weihrauch in den heiligen Messen geehrt.

Es gibt in der heiligen Messe viele Ähnlichkeiten in den Zeremonien mit dem jüdischen Tempelkult. Durch das Zerreißen des das Allerheiligste abschirmenden Tempelvorhangs beim Tod Jesu (Mt 27,51) ging der jüdische Tempelgottesdienst in das Kreuzes- und Messopfer Jesu Christi über. Im Stundengebet (Brevier), das auf die heilige Messe hingeordnet ist, beten wir die alttestamentlichen Psalmen - wie die Apostel im Tempel zu Jerusalem, bevor dieser durch die Römer zerstört wurde. Stellen in der heiligen Schrift bei Paulus (Röm 1,25), die sich gegen den Kult äußern, beziehen sich auf den heidnischen Götzendienst.

Jetzt werden wir noch genauer auf das freiwillige Opfer Jesu Christi am Kreuz eingehen, das in der heiligen Messe gegenwärtig gesetzt wird. „Deshalb liebt Mich der Vater, weil Ich Mein Leben hingebe, um es wieder zu nehmen. Niemand entreißt es Mir, sondern Ich gebe es aus freiem Willen hin. Ich habe Macht, es hinzugeben, und Ich habe Macht, es wieder zu nehmen“ (Joh 10,17f). Jesus ist also kein willenloses Opfer der Hohenpriester und der Römer. Noch im Ölgarten stürzen die Häscher zu Boden, als Jesus ihnen sagte „Ich bin es“ (Joh 18,6). *Ich bin es* ist die Übersetzung des Gottesnamen *Jahwe*, den Jesus als wahrer Gott, der eins mit dem Vater ist (Joh 10,30), zu Recht gebraucht. Jesus stirbt freiwillig aus Liebe als Opfer für unsere Sünden (Röm 5,8; 1 Kor 15,3). Gott hat dadurch die Welt in Seinem Sohn Jesus Christus aus reiner Liebe mit sich versöhnt (2 Kor 5,19): Christus nimmt alle Sündenstrafen der Menschen durch Seinen Tod am Kreuz als Stellvertreter des Menschengeschlechtes auf Sich. Hier offenbart sich die unendliche Liebe und Barmherzigkeit des dreifaltigen Gottes.

Das Kreuzesopfer Jesu Christi wird in der heiligen Wandlung gegenwärtig: „Das ist Mein Leib, der für euch hingegeben wird“ (Lk 22,19). „Dieser Kelch ist der neue Bund in Meinem Blut, das für euch vergossen wird“ (Lk 22,20). Weitere biblische Überlieferungen der Wandlungsworte finden wir bei Mt 26,26-28; Mk 14,22-24; 1 Kor 11,23-25. Sie stimmen bei kleinen unbedeutenden Abweichungen inhaltlich auch mit den in den verschiedenen Riten gebrauchten Wandlungsworten überein. In der Ewigkeit Gottes verbinden sich die Menschwerdung Seines ewigen göttlichen Sohnes Jesus Christus mit dessen Hingabe beim Letzten Abendmahl, bei Seinem Opfer am Kreuz und in der heiligen Messe. Dieses Opfer setzt sich als die ewige Hingabe des Sohnes an den Vater im Heiligen Geist fort und gründet in der ewigen dreifaltigen Liebe Gottes, wie wir oben schon gesehen haben. In diese ewige Liebe werden wir sündige Menschen durch den dreifaltigen Gott in der Taufe als Seine Kinder aufgenommen. Dadurch werden wir in die Lage versetzt, fruchtbar an der heiligen Messe, der Gegenwärtigsetzung des Kreuzesopfers Jesu Christi, teilzunehmen. Nach einer guten heiligen Beichte dürfen wir sogar Jesus Christus in Seinem Leib und Blut - in der gewandelten Hostie - in seiner Gottheit und Menschheit in unser Herz als Unterpfand des ewigen Lebens empfangen. Wenn wir den unendlichen Gott haben, haben wir alles! Dafür wollen wir Ihm danken: „*Ich danke Dir, Herr Jesus Christ, dass Du für mich gestorben bist. Ach, lass Dein Blut und Deine Pein an mir doch nicht verloren sein. Amen.*“

4.2.1 Riten, Sprachen, Gewänder und Räumlichkeiten für die heilige Messe[16]

Im vorliegenden Artikel über die heilige Messe wollen wir deren äußere Formen betrachten, die zu einem frommen, Gott wohl gefälligen inneren Mitvollzug des Opfers Jesu Christi hinführen. Diese wichtigen Dinge bilden den äußeren Rahmen, der gleichsam das Bild würdig einfasst. Wir folgen dabei vor allem dem Büchlein von P. Martin Ramm, *Zum Altare Gottes will ich treten* (S. 5-39), das unter der Telefonnummer 08385/92210 oder unter *petrusbruderschaft.de* bestellt werden kann.

Ein Ritus besteht aus heiligen Zeichen und heiligen Worten, die sich gegenseitig erklären. Wenn wir etwa beim Schuldbekenntnis uns an die Brust klopfen und dazu sprechen: *Durch meine Schuld, durch meine Schuld ...* bekennen wir als Büßende vor Gott unser Dasein als Sünder. In einer ehrfürchtigen Kniebeuge beten wir Jesus, den allmächtigen Gott, im Tabernakel an. Dasselbe gilt für das Knien während der heiligen Messe, wenn Jesus im Allerheiligsten Altarsakrament gegenwärtig ist. Paulus schreibt, dass sich jedes Knie vor Jesus beugen soll (Röm 14,11). Sehr eindrucksvoll ist auch das Kreuzzeichen, das in den dabei gesprochenen Worten an den dreifaltigen Gott

---

[16] Erstveröffentlichung: Riten, Sprachen, Gewänder und Räumlichkeiten für die heilige Messe, in: Der Fels 48 (2017) 178f.

und im Zeichen an das Kreuzesopfer Jesu Christi erinnert und uns dessen Segen zukommen lässt. Vollziehen wir innig mit unserer Herzensstimme das Kreuzzeichen!

Alle alten Liturgien sind durch zwei Formen von Sprachen gekennzeichnet: die sogenannte Liturgiesprache, die das Überzeitliche, Geheimnisvolle und Heilige des Gottesdienstes ausdrückt sowie die allgemein verständliche Volkssprache, die der Verkündigung des Glaubens dient. Bei den Juden zurzeit Jesu waren dies die hebräische und aramäische Sprache, die miteinander verwandt sind. Jesus las aus dem Buch des Propheten Jesaja in hebräischer Sprache vor und legte den Text wahrscheinlich in aramäischer Sprache aus (Lk 4,16-30). In den lateinischen Riten soll die lateinische Sprache in den feststehenden Teilen der heiligen Messe nach dem ausdrücklichen Wunsch des II. Vatikanischen Konzils ihren Platz haben und die Gläubigen sollen die ihnen zukommenden Teile auch in Latein beten können (vgl. *Sacrosanctum Concilium* 36 und 54). Die lateinische Sprache stiftet Einheit über nationale Grenzen hinweg und wirkt der babylonischen Sprachverwirrung durch ihre Präzision und Klarheit entgegen. Sie legt einen heiligen Schleier über die Feier der heiligen Geheimnisse und schützt diese vor einer ungebührlichen Verweltlichung. Sie ist unveränderlich und von zeitlicher Schönheit. Es ist von sehr großem Vorteil und Wert, dass die Verkündigung des Wortes Gottes in den Lesungen, dem Evangelium und der Predigt in der Muttersprache erfolgt; denn der Glaube kommt vom Hören, wie wir sinngemäß beim heiligen Paulus lesen können (Röm 10,17f). Man kann davon ausgehen, dass die Schriften des Neuen Testamentes für den Gottesdienst schriftlich festgehalten wurden und dort der bevorzugte Ort ihrer Verkündigung war und ist. Durch die Taufe werden die Gläubigen auch auf den Gottesdienst hingeordnet und die Lektoren, die Diakone, die Priester und Bischöfe durch ihre heiligen Weihen besonders dafür mit göttlicher Gnade ausgestattet. So ergibt sich ein geheimnisvolles heiliges Geschehen, bei dem Gott wie immer die Hauptsache bewirkt, die menschliche

Mitwirkung und Anstrengung aber nicht vernachlässigt werden darf. Die wichtigere innere Haltung findet dabei in den äußeren Zeichen und Worten ihren entsprechenden Ausdruck.

Die Gebetsrichtung in der heiligen Messe ist auch von nicht zu unterschätzender Bedeutung. (Vergleiche dazu ausführlich das Buch von Uwe Michael Lang, *Conversi ad Dominum*, das mit einem Geleitwort von Kardinal Ratzinger versehen ist). Die alten Kirchen waren nach Osten ausgerichtet, der aufgehenden Sonne entgegen, die sowohl den auferstandenen als auch den wiederkommenden Christus symbolisiert. Auch der Altar des Petersdomes ist nach Osten hin orientiert, nur mit dem Unterschied, dass das Volk dazwischen steht, was manche auf den irrtümlichen Gedanken brachte, der Papst zelebriere zum Volk hin, und was zur Einführung der nicht vorgeschriebenen sogenannten Volksaltäre führte. Zwischen Papst und Volk steht aber das Kreuz als der eigentliche Orientierungspunkt jeder heiligen Messe, die die unblutige, sakramentale Gegenwärtigsetzung des Kreuzesopfers Jesu Christi ist. Die einheitliche Gebetsrichtung von Priester und Volk ist nicht für die Gültigkeit der heiligen Messe notwendig, hat aber unschätzbare Vorteile: Der Priester dreht während der Zelebration Jesus im Tabernakel nicht den Rücken zu, man kann sein Gesicht nicht sehen, was ihm die Konzentration erleichtert und von dem ständigen Moderationsdruck befreit. Alle, Priester und Volk, blicken hin zum Kreuz Christi und richten ihre Gebete an den Vater durch Christus im Heiligen Geist.

Gott, der Herr, hat Mose schon im Alten Testament für den Gottesdienst heilige und kostbare Gewänder vorgeschrieben (Ex 28,4f). Dies gilt umso mehr für den höchsten Gottesdienst, die heilige Messe, bei der sich Christus unblutig aus Liebe dem Vater im Heiligen Geist durch die Hände des Priesters darbringt. „Denn die Armen habt ihr immer bei euch" (Mt 26,11) bemerkt Jesus, als seine Füße von der Sünderin gesalbt werden. Damit ist die unerlässliche Sorge für die Armen von Jesus nicht ausgeschlossen, sondern gefordert. Man muss im Notfall sogar heilige Geräte dafür veräußern, darf aber generell den mit würdiger Ausstattung zu feiernden Gottesdienst nie vernachlässigen.

Die schwarzen Gewänder der Seminaristen, Diakone und Priester deuten ihren Abschied von der Welt und ihre Auserwählung durch Jesus Christus an. Das weiße Chorhemd symbolisiert die Freude des Gottesdienstes als Teilnahme an der himmlischen Liturgie. Das Schultertuch des Priesters soll diesen als Helm des Heiles von den Versuchungen des Teufels bewahren, die weiße Albe die Reinheit des Herzens anzeigen, die durch das Waschen der Kleider im Blut des Lammes, das Sich für uns am Kreuz dahingab, erreicht wird (Offb 7,13-17). Das Zingulum (Strick um den Bauch) steht für die Keuschheit und die wachsame Bereitschaft im Hinblick auf die Wiederkunft Christi (Lk 12,35f). Der Manipel als eine Art kleine Stola am linken Unterarm des Priesters im alten lateinischen Ritus deutet auf die Mühsal und Last des Priesterlebens in der Nachfolge Christi hin und die Stola auf die heiligmachende Gnade. Im alten Ritus wird diese vom Priester gekreuzt. Das Messgewand ist das leichte und süße Joch Jesu Christi (Mt 11,30).

Weiß als liturgische Farbe der Freude wird bei allen Herrenfesten, den Muttergottesfesten, bei den Festen der Engel und Heiligen, die keine Märtyrer waren, benutzt. Rot als die Farbe des Feuers und des Blutes trägt der Priester an Pfingsten, den Festen vom Leiden des Herrn und der Märtyrer. Violett als Farbe der Buße wird im Advent und der Fastenzeit verwendet, grün als Farbe der Hoffnung an den Sonntagen nach Pfingsten, schwarz als Farbe der Trauer am Karfreitag, bei Seelenmessen und Beerdigungen.

Eine würdige Feier der heiligen Messe benötigt einen würdigen Raum: ein Gotteshaus. Die Stufen, die zu diesem hinaufführen, zeigen an, dass wir unser Herz zum Gebet erheben sollen, die Eingangspforte, die wir durchschreiten, trennt das Weltliche, das wir zurücklassen, von dem heiligen Raum, der dafür vom Bischof geweiht wurde. Beim Eintritt in das Gotteshaus segnet uns der dreifaltige Gott mit Weihwasser, wenn wir uns damit bekreuzigen, was uns an unsere Taufe und die damit verbundene Reinigung von Sünde und Schuld erinnern soll. Die anschließende anbetende Kniebeuge gilt dem eucharistischen Herrn im Tabernakel: „*O Jesus, Dir leb ich, o Jesus, Dir sterb ich, o Jesus, Dein bin ich im Leben und im Tode. Amen.*"

4.2.2 Der Wortgottesdienst[17]

Jesus, der ewige und einzig geborene Sohn Gottes, ist Gott und eins mit dem Vater (Joh 1,1ff; 10,30). Er ist das ewige Wort Gottes, das Mensch wurde, um uns zu erlösen. Jesus verkündet uns die Botschaft vom Reich Gottes, vom Barmherzigen Vater und der Vergebung der Sünden: „Himmel und Erde werden vergehen, aber Meine Worte werden nicht vergehen" (Mt 24,35). In jeder heiligen Messe wird das Wort Gottes verkündet, besonders in den Lesungen, dem Evangelium und der Predigt. Die aus dem Alten Testament entnommenen Psalmen stammen zum großen Teil von König David und seinem Sohn Salomon. Sie wurden im jüdischen Gottesdienst verwendet und von Jesus gebetet, auf den sie hinweisen. Die Psalmen werden in der heiligen Messe gesungen oder gesprochen – vor allem in den Zwischengesängen, dem Eingangsvers und dem Schlussvers. Auf ihnen basiert zum großen Teil der Gregorianische Choral, der sowohl im klassischen als auch im neuen lateinischen Ritus gesungen werden soll. Die deutschen Lieder lehnen sich teilweise an die Psalmen an.

Die ganze heilige Messe besteht aus dem Wort Gottes: Die Wandlungsworte in allen kirchlichen Messriten entsprechen sinngemäß den Worten Jesu beim Letzten Abendmahl: „Das ist Mein Leib, der für euch hingegeben wird" (Lk 22,19). „Dieser Kelch ist der neue Bund in Meinem Blut,

[17] Erstveröffentlichung: Das Wort Gottes in der Verkündigung, in: Der Fels 48 (2017) 42f.

das für euch vergossen wird“ (Lk 22,20). Weitere biblische Überlieferungen der Wandlungsworte finden wir bei Mt 26,26-28; Mk 14,22-24; 1 Kor 11,23-25. Insgesamt verbindet sich in den heiligen Riten die ältere mündliche Überlieferung (heilige Tradition) mit ihrer schriftlichen Fixierung in der Heiligen Schrift und den Büchern für den Gottesdienst. So werden bis auf den heutigen Tag die Worte Jesu weitergetragen bis Er wiederkommt in Herrlichkeit. Seine Worte sind selbstverständlich auch gegenwärtig im himmlischen Gottesdienst, an dem wir durch unsere Anwesenheit an der heiligen Messe auch teilnehmen dürfen.

Wenden wir uns nun den einzelnen Riten zu. Wir konzentrieren uns dabei auf die Gemeinsamkeiten im klassischen und im neuen lateinischen Ritus, erwähnen aber auch ab und zu die Unterschiede.

Die Kirchenglocken, die vom Bischof oder Priester gesalbt werden, rufen uns zum Gottesdienst und verbreiten durch ihr Läuten den göttlichen Segen über Stadt und Land. Denken wir etwa an das Wetterläuten bei aufkommendem Unwetter. Die Sakristeiglocke kündigt uns den Einzug des Priesters an, wozu wir uns erheben, um in ihm Christus zu ehren. Jede Ehrfurchtsgeste, die der Priester während des Gottesdienstes empfängt, gilt nicht ihm, sondern Christus. Die innere Sammlung vor und während der hl. Messe ist von herausragender Bedeutung, so dass wir nicht zu knapp kommen sollen, was wir uns bei hohen menschlichen Persönlichkeiten nicht erlauben würden. In der heiligen Messe ist der unendliche Gott selbst anwesend.

Priester und Ministranten beten Christus im Tabernakel durch eine Kniebeuge an. Im klassischen Ritus folgt das *Schuldbekenntnis*, das der Priester zusammen mit den Ministranten betet, während der Eingangsvers (Introitus) oder ein Lied gesungen wird. Anschließend ehrt der Priester den Altar, der Christus symbolisiert und auf dem dieser gegenwärtig wird, durch einen Kuss. Dieser Kuss gilt auch den Reliquien der Märtyrer, die für Christus ihr Leben hingegeben haben. Im neuen Ritus wurde dabei die Reihenfolge vertauscht und an Stelle des Schuldbekenntnisses, das mit dem Volk gebetet wird, können auch andere Texte aus dem Messbuch gewählt werden. Die Altarstufen deuten auf die drei göttlichen Tugenden *Glaube* (wir haben absolutes Vertrauen in Gott und seine Offenbarung), *Hoffnung* (alles Gute, besonders das Ewige Leben, erwarten wir von Gott) und *Liebe* (Gott absolut vor allem anderen vorziehen) hin und heben den Altar als heilige Opferstätte hervor. In feierlichen Ämtern erfährt der Altar die Ehre der Beräucherung mit Weihrauch, wodurch Christus verherrlicht wird.

Das *Kyrie/Christe eleison* (= Herr/Christus erbarme dich) wird insgesamt neunmal gesungen, geht in dieser Form auf Papst Gregor den Großen (6. Jahrhundert) zurück und ist eine anbetende Huldigung an unseren Herrn (*Kyrios*) und Gott Jesus *Christus*. Es deutet auf die Dreifaltigkeit hin (3 mal 3) und im neuen Ritus auf die Dreifaltigkeit sowie auf die Gottheit und Menschheit Christi, da es dort auch 3 mal 2 mal gesungen werden kann. Das daran anschließende und an Festen gesungene *Gloria* wurde von den Engeln auf den Feldern in Bethlehem als Lobpreis Gottes gesungen und fasst das Erlösungswirken Christi zusammen, der als Sohn des Vaters und Lamm Gottes die Sünden der Welt hinwegnimmt und zur Rechten des Vaters sitzt.

Im *Dominus vobiscum* (= Der Herr [sei] mit euch) verbinden sich Wort und Zeichen auf wunderbare Art und Weise, weil der Priester bei diesem Gruß die Hände ausbreitet und den Gläubigen den Beistand unseres *Herrn* und Gottes Jesus Christus wünscht. Im alten Ritus küsst er zuvor den Altar, der Christus symbolisiert.

Die *Oration* (Priestergebet) richtet sich in der Regel an Gott, den Vater, von dem wir durch Christus, unseren Herrn und Gott, im Heiligen Geist eine Gnade erbitten, die unserem Heil dient. Nach *Dominus vobiscum* folgt *Oremus* (= Lasset uns beten).

In der *Lesung* aus der heiligen Schrift (Altes Testament, Apostelgeschichte, apostolische Briefe, Offenbarung des Johannes) wird uns das

Wort Gottes verkündet. Es folgen die Zwischengesänge (meistens Psalmen) sowie außerhalb der Fastenzeit das Halleluja (= lobet Gott). Währendessen betet der Priester (oder Diakon) still vor der Verkündigung des Evangeliums: „Reinige mein Herz und meine Lippen, allmächtiger Gott. Wie Du einst die Lippen des Propheten Isaias mit glühenden Kohlen gereinigt hast, reinige auch mich in Deinem gnädigen Erbarmen, und lass mich so Dein Evangelium würdig verkünden". Im alten Ritus wird das Buch auf die Evangelienseite getragen, die – falls die Kirche geostet ist – in nördliche Richtung ausgerichtet ist. So wird das *Evangelium* in die Finsternis hinein verkündet, weil bei uns im Norden nie die Sonne steht. Bei der Verkündigung des Evangeliums stehen wir aus Ehrfurcht vor dem Wort Gottes, das Christus selbst ist, uns von Ihm verkündet wird und das jetzt auf geheimnisvolle Art und Weise gegenwärtig wird, weshalb auch das Evangelienbuch mit Weihrauch geehrt wird sowie vom Priester nach der Verkündigung geküsst wird.

Es folgt die Predigt, die uns das Wort Gottes auslegt. An den Sonn- und Feiertagen wird anschließend das Nicaeno-Konstantinopolitanische (große) Glaubensbekenntnis gebetet, das auf die beiden Konzilien von Nizäa (325) und Konstantinopel (381) zurückgeht und im neuen Ritus durch das Apostolische Glaubensbekenntnis ersetzt werden kann. Darin bekennen wir unseren Glauben an den dreifaltigen Gott: Den allmächtigen Vater, der uns erschaffen hat; an seinen eingeborenen Sohn Jesus Christus, unseren Herrn und Gott, der Mensch wurde aus der Jungfrau Maria und uns durch Sein Leiden, Seinen Tod, Seine Auferstehung und Himmelfahrt erlöst hat. Wir glauben an den Heiligen Geist, der uns in den Sakramenten in der katholischen Kirche heiligt, an die Auferstehung der Toten, die Wiederkunft Christi, das Jüngste Gericht und das Ewige Leben. Im neuen Ritus folgen noch die Fürbitten für Papst, Bischöfe, Priester, die Kirche, die Regierenden, in besonderen Anliegen und für die Armen Seelen.

Beten wir oft das folgende Gebet, um die großen Gnaden der heiligen Messe besser in uns aufnehmen zu können: „*Mein Herr und mein Gott, nimm alles von mir, was mich hindert zu Dir. Mein Herr und mein Gott, nimm mich mir und gib mich ganz zu eigen Dir. Amen*".

4.2.3 Die Opfermesse (Eucharistiefeier)[18]

Nach dem Wortgottesdienst (Vormesse) folgt der Hauptteil der heiligen Messe, die Opfermesse, die auch *Eucharistie*feier (= *Danksagung* für das Opfer Christi am Kreuz, das in jeder heiligen Messe gegenwärtig ist) genannt wird. Die Opfermesse besteht aus der *Opferung* (Darbringung der Gaben von Brot und Wein für das heilige Opfer), dem *Hochgebet* mit der heiligen Wandlung und der Austeilung der *heiligen Kommunion*, auf die der *Schlussteil* der heiligen Messe folgt. (Siehe dazu das Buch *Sakrament des Altares*, S. 107-117 von P. Martin Ramm. Man kann es unter der Telefonnummer 08385/92210 oder unter *petrusbruderschaft.de* bestellen).

Zu Beginn der *Opferung* erhebt der Priester die Patene mit der Hostie und bittet Gott um Annahme und Verwandlung des dargebrachten Brotes. Anschließend gießt der Priester Wein in den Kelch und gibt einige Tropfen Wasser dazu. Im klassischen Ritus spricht er dabei das folgende schöne Gebet: „Gott, Du hast den Menschen in seiner Würde wunderbar erschaffen und noch wunderbarer erneuert; lass uns durch das Geheimnis dieses Wassers und Weines teilnehmen an der Gottheit dessen, der sich herabgelassen hat, unsere Menschennatur anzunehmen, Jesus Christus, Dein Sohn, unser Herr und Gott". Im neuen Ritus lauten die Worte ähnlich: „Wie das Wasser sich mit dem Wein verbindet zum heiligen Zeichen, so lass uns teilhaben an der Gottheit Christi, der

---

[18] Erstveröffentlichung: Der Opfercharakter der Eucharistiefeier, in: Der Fels 48 (2017) 10f.

unsere Menschennatur angenommen hat". Der Wein symbolisiert die Gottheit Christi, das Wasser die Menschheit Christi und unsere Menschheit. Bei der Wandlung wird der Wein in das Blut Christi verwandelt, wobei Christus dann sowohl mit Seiner Gottheit und Menschheit geheimnisvoll anwesend ist. Wir haben in der heiligen Kommunion daran Anteil und Christus begnadigt uns dadurch, wenn wir keine schweren Sünden haben. Nach dem Mischungsritus erhebt der Priester den Kelch und opfert ihn Gott auf. Es folgt die Händewaschung und das Gebet: „Betet Brüder, dass mein und euer Opfer Gott, dem allmächtigen Vater gefalle".

Nun treten der Priester und die Gläubigen mit der Präfation (Eingangswort, Vorgebet) in das *Hochgebet* der heiligen Messe ein, dessen Mitte die heilige Wandlung ist. Die Präfation bezieht sich auf das jeweilige Heilsgeheimnis (Advent, Weihnachten, Epiphanie = Erscheinung des Herrn, Fastenzeit, Passionszeit, Ostern, Christi Himmelfahrt, Pfingsten, Fronleichnam) oder die Gottesmutter und die Heiligen. Der Priester dankt Gott dem Vater durch seinen Sohn, unseren Herrn Jesus Christus im Heiligen Geist. Auf die Präfation folgt das dreimalige *Sanctus* (= Heilig) der Engel aus dem himmlischen Gottesdienst (Jes 6,3; Offb 4,8), an dem wir durch die fromme Anwesenheit bei der heiligen Messe teilnehmen dürfen. Nun folgt das eigentliche Hochgebet, in das der Priester im klassischen Ritus still eintritt: „Tiefstes Schweigen hielt alles umfangen: die Nacht hatte in ihrem Lauf die Mitte ihres Weges erreicht: da kam, o Herr, aus dem Himmel vom Königsthrone herab Dein allmächtiges Wort" (Weish 18,14f). Diese schöne Prophetie aus dem Alten Testament erfüllte sich vor 2000 Jahren bei der Menschwerdung des ewigen Sohnes Jesus Christus und bei der heiligen Wandlung. Dieser geht eine Bitte um die Annahme des Opfers an den Vater, das Gedächtnis der Lebenden und Heiligen sowie eine erneute Bitte um Annahme der Opfergaben voraus. Nach der Wandlung von Brot und Wein in den Leib und das Blut Christi, der nun mit Seiner Gottheit und Menschheit geheimnisvoll und wirklich unter den

Gestalten von Brot und Wein anwesend ist, denken wir an Sein Erlösungswerk, das jetzt sakramental gegenwärtig wird: an Christi Leiden, Tod, Auferstehung und Himmelfahrt. Wiederum betet der Priester um die Annahme des Messopfers, indem er auf das Opfer Abels, Abrahams und Melchisedeks verweist, an dem wir alle Anteil haben sollen. Es folgt das Totengedenken und vor dem feierlichen Lobpreis (*Durch Ihn und mit Ihm und in Ihm ist Dir, Gott, allmächtiger Vater, in der Einheit des heiligen Geistes, alle Ehre und Herrlichkeit in Ewigkeit. Amen.*) ein erneutes Gedenken der Heiligen, an deren Spitze diesmal der heilige Johannes der Täufer steht. Der Lobpreis wird im klassischen Ritus vom Priester still und im neuen Ritus laut gebetet (oder gesungen).

Während dieser heiligen Handlungen knien die Gläubigen, die sich erst wieder zum *Vater unser* erheben, das der Priester im klassischen Ritus seit Ambrosius alleine betet, wodurch die Symmetrie zur Präfation hervorgehoben wird. Im neuen Ritus beten es alle gemeinsam.

Jetzt beginnt der *Kommunionteil* der heiligen Messe und der Priester bricht die heilige Hostie in drei Teile und senkt den kleinsten Teil davon in den Kelch mit dem Blut Christi. Dieser Ritus ist uralt und hat seinen Ursprung in der Papstmesse im antiken Rom. Um die Verbindung mit seinen Priestern in der heiligen Eucharistie, dem Sakrament der Einheit, zu verdeutlichen, wurden von der heiligen Hostie des Papstes Teile zu den anderen Hauptkirchen in Rom gebracht und dort in den Kelch mit dem heiligen Blut Christi gesenkt. Nun spricht der Priester vom Altar aus den Gläubigen den Frieden Jesu Christi zu, der ein innerer Friede ist und in erster Linie in der Freiheit von den Sünden besteht, die uns Christus in der heiligen Beichte nachlässt. Das *Agnus Dei* (Lamm Gottes) wird gebetet oder gesungen und hat seine Wurzel in den Worten Johannes des Täufers: „Seht das Lamm Gottes, das hinwegnimmt die Sünde(n) der Welt“ (Joh 1,29). Im griechischen Urtext steht *Sünde* in der Einzahl, was im neuen Ritus gebetet wird; in der lateinischen Bibelübersetzung steht die

Mehrzahl, was auch sinnvoll ist, weil Jesus alle unsere Sünden hinwegnimmt. Es folgt die Kommunion des Priesters, der als der Zelebrant zuerst kommunizieren muss. Er ist nicht der ‚Gastgeber' wie manche behaupten, sondern dieser ist Jesus Christus selbst, den der Priester sichtbar vertritt. Die Gläubigen empfangen in der gewandelten heiligen Hostie den ganzen Christus in Seiner Gottheit und Menschheit sowie in Seinem Fleisch und Blut (vgl. Joh 6: Eucharistische Rede Jesu). Dieses demütige Empfangen drückt sich besonders deutlich in der Mundkommunion aus, weil wir die heilige Hostie bei dieser Form nicht ergreifen und so weder die falsche Symbolik des Besitzes aufkommen kann noch die Gefahr besteht, dass kleine Teile verloren gehen. In jedem Teilchen ist nämlich der ganze Christus mit seiner Gottheit und Menschheit anwesend, so dass diese unendlich kostbar sind. (Ausführlich beschäftigt sich mit dieser Problematik P. Dr. Martin Lugmayr in seinem Büchlein *Handkommunion*, das unter 08385/92210 oder unter *petrusbruderschaft.de* bestellt werden kann). Die heilige Kommunion dürfen wir empfangen, wenn wir keine schwere Sünde begangen haben. Schwere Sünden sind: Gotteshass, nicht beten, vom Glauben abfallen, fluchen, die Sonntagsmesse ohne schwere Krankheit auslassen, die Eltern schwer missachten, Mord, Abtreibung, Verhütung, Ehebruch, fehlende Nächstenliebe wie Mobbing, schwerer Diebstahl. Heilung finden wir wie der verlorene Sohn in der heiligen Beichte. (Einen Beichtspiegel kann man unter der eben genannten Adresse bestellen).

Der Schlussteil der heiligen Messe besteht aus dem Schlussgebet des Priesters, das oft aus der Bitte nach einer guten Wirkung der in der heiligen Messe empfangenen Gnaden besteht. Wir werden mit dem *Ite missa est* (Geht, ihr seid gesendet) gemäß Mt 28,19f in die Welt gesandt, um das Evangelium durch unser Beispiel und unsere Worte zu verkünden. Dazu werden wir vom Priester gesegnet. Im neuen Ritus wurden diese beiden Zeremonien vertauscht. Im klassischen Ritus wird am Ende vom Priester noch das Schlussevangelium gebetet (Joh 1,1-14), das die Menschwerdung des ewigen, göttlichen Sohnes des Vaters verkündet und damit die heilige Messe zusammenfasst, weil Jesus Christus auf dem Altar während der heiligen Messe mit seiner Gottheit und Menschheit gegenwärtig ist.

Gehen wir *mindestens* jeden Sonn- und Feiertag zur heiligen Messe (außer bei schwerer Krankheit) und danken wir Gott für diese große Gnade: „*Ich danke Dir, Herr Jesus Christ, dass Du für mich gestorben bist. Ach lass Dein Blut und Deine Pein an mir doch nicht verloren sein. Amen*". Wir dürfen für Jesus kämpfen, weil Er für uns gestorben ist!

4.2.4 Der römische Messkanon[19]

Im klassischen Ritus wird als Hochgebet ausschließlich der römische Messkanon[20] verwendet, im neuen Ritus gibt es noch weitere Möglichkeiten zur Auswahl. Dieser Teil der heiligen Messe ist das Zentrum, weil in das Hochgebet die Wandlungsworte eingebettet sind, mit denen der Priester in der Kraft Gottes Brot und Wein in den Leib und das Blut Christi verwandelt, ohne dass wir dies sehen können. Wir wissen aber um dieses große Glaubensgeheimnis auf Grund der Worte Jesu Christi, der uns auffordert, dieses heilige Opfer zu Seinem Gedächtnis zu vollziehen: „Das ist Mein Leib, der für euch hingegeben wird, tut dies zu Meinem Gedächtnis" (Lk 22,19). „Dieser Kelch ist der neue Bund in Meinem Blut, das für euch vergossen wird" (Lk 22,20). Die Worte *Tut dies zu Meinem Gedächtnis* sind von der Kirche nach der Wandlung des Weines in das Blut Christi platziert worden. Wir finden neben der Überlieferung des heiligen

---

[19] Erstveröffentlichung: Der römische Messkanon, in: Der Fels 47 (2016) 340f.

[20] Vgl. dazu ausführlich P. Martin Ramm, Zum Altare Gottes will ich treten (S. 87-128), das unter der Telefonnummer 08385/92210 oder unter petrusbruderschaft.de bestellt werden kann.

Lukas die Wandlungsworte noch bei Mt 26,26-28; Mk 14,22-24; 1 Kor 11,23-25 sowie sinngemäß in den verschiedenen Riten der katholischen Kirche. Wichtig ist der einheitliche Sinn, auch wenn manche Worte uns unterschiedlich überliefert wurden.

Der Kanon beginnt mit der Präfation (Vorrede) und endet mit dem *Vater unser*. Wir erheben unsere Herzen zu Gott dem Vater im Namen unseres Herrn Jesus Christus im Heiligen Geist und danken Ihm durch den Mund des Priesters für seine Großtaten. Es folgt das dreimalige *Sanctus* (Heilig) aus dem Buch des Propheten Jesaja (6,3), das durch die *Hosanna*-Rufe beim Einzug Jesu in Jerusalem ergänzt wird, die Ihn als den Sohn Davids und den Messias preisen. Wir danken Jesus für Sein Kommen vor 2000 Jahren sowie für Sein Kommen auf den Altar.

Das leise Beten des Hochgebets im klassischen Ritus verhüllt das Allerheiligste und drückt unsere Ehrfurcht und Demut vor Gott aus: „Der Herr thront in seinem Tempel, es schweige vor Ihm alle Welt" (Habakuk 2,20). Gott erscheint dem Propheten Elija weder im Sturm noch im Feuer noch im Erdbeben, sondern im leisen Säuseln, so dass der Gottesmann vor die Höhle tritt und sein Gesicht verhüllt (1 Kön 19,11-13). So erfolgt auch das Kommen des ewigen Sohnes Jesus Christus in der Stille, damals in Bethlehem und auch bei der heiligen Messe im klassischen Ritus: „Tiefstes Schweigen hielt alles umfangen: die Nacht hatte in ihrem Lauf die Mitte ihres Weges erreicht: da kam, o Herr, aus dem Himmel vom Königsthrone herab Dein allmächtiges Wort" (Weish 18,14f). Besonders eindrücklich sind die vielen Kreuzzeichen im klassischen Ritus, die vor der heiligen Wandlung sowohl als Segenszeichen als auch schon als Hinweis auf das Kreuzesopfer Jesu Christi anzusehen sind. Nach der heiligen Wandlung sind sie keine Segenszeichen mehr, da ja aller Segen von dem Leib und dem Blut Christi ausgehen, sondern Zeichen für das Kreuzesopfer Jesu Christi, die die entsprechenden Gebetsworte des Priesters begleiten.

Der römische Kanon beginnt mit der schönen, an den Vater gerichteten Bitte um die Segnung und Annahme der Opfergaben, die für die Kirche, den Papst, den Bischof, die Gläubigen und den ganzen Erdkreis dargebracht werden: „Dich, gütigster Vater, bitten wir demütig und flehen zu Dir durch Jesus Christus, Deinen Sohn, unseren Herrn". Es folgt das Gedenken für die Lebenden und die Erwähnung der Gemeinschaft der Heiligen im Himmel, an deren Spitze Maria, Josef und die Apostel stehen. In ihnen sowie ihren Werken der Gottes- und Nächstenliebe offenbart sich das Wirken Jesu Christi, der das Schwache in der Welt dazu erwählt hat, das Starke zu beschämen (1 Kor 1,26ff). Es folgt eine erneute Bitte um die Annahme der Opfergaben, wobei der Priester die Hände über diese legt, was an das Aufladen der Sünden auf den Gerechten (Jes 53) erinnert, der für die Menschen stirbt und von Gott verherrlicht wird: Jesus, das Lamm Gottes (Joh 1,29) tilgt unsere Sünden und die der ganzen Welt (1 Joh 2,2). In der letzten Strophe vor der heiligen Wandlung bittet der Priester um die Verwandlung der Opfergaben von Brot und Wein in den Leib und das Blut Jesu Christi. Die Wandlungsworte als Einsetzungsbericht zu bezeichnen, ist unglücklich. Man sollte vielmehr von einem an Gottvater gerichteten Gebet sprechen: *Er [Jesus] nahm vor Seinem Leiden Brot in Seine heiligen und ehrwürdigen Hände, erhob die Augen gen Himmel zu Dir, Gott, Seinem allmächtigen Vater, sagte Dir Dank [daher kommt das Wort Eucharistiefeier], segnete es, brach es und gab es Seinen Jüngern mit den Worten: Nehmet hin und esset alle davon. Das ist Mein Leib*. Diese Worte verbinden auf geheimnisvolle Art und Weise die heilige Messe mit dem Letzten Abendmahl und vor allem mit dem Leiden und Tod Jesu Christi, das in jeder heiligen Messe mit seinen Früchten gegenwärtig ist. Sofort nach den Wandlungsworten macht der Priester im klassischen Ritus eine Kniebeuge, um die wirkliche Anwesenheit Jesu Christi in der gewandelten heiligen Hostie anzubeten. Anschließend erhebt der Priester die heilige Hostie, um diese den Gläubigen zur Anbetung zu zeigen, um dann wiederum eine Kniebeuge zu machen, bevor er in der Kraft Gottes den

Wein in das Blut Christi verwandelt. Nach der Wandlung des Brotes hält der Priester im klassischen Ritus aus Ehrfurcht Daumen und Zeigefinger beider Hände zusammen, damit kein Teilchen, in dem Christus ganz anwesend ist, verloren geht.

In der ersten Kanonstrophe nach der heiligen Wandlung wird im Gebetsgedenken wiederum die Verbindung zum Leiden, zum Tod, zur Auferstehung und Himmelfahrt Jesu Christi hergestellt. Diese Heilsereignisse werden in jeder heiligen Messe sakramental gegenwärtig. Im folgenden Gebet bittet der Priester den Vater, das Opfer anzunehmen wie Er das Opfer Abels (Lamm als Hinweis auf das *Lamm Gottes*), das Opfer Abrahams (den eigenen und einzigen Sohn als Hinweis auf Jesus Christus, den einzigen Sohn des Vaters, hingeben) und dasjenige Melchisedeks (Brot und Wein) angenommen hat. Es folgt die Bitte um die Verbindung des Messopfers mit dem himmlischen Opfer sowie das Gedenken für die Verstorbenen, für die schon im Alten Testament gebetet und geopfert wurde (2 Makk 12,32-46). Dies ist möglich, weil in der Ewigkeit Gottes kein Gebet verloren geht. „Selig sind von jetzt an die Toten, die im Herrn sterben! Wahrlich spricht der Geist, sie werden ausruhen von ihren Mühen; denn ihre Werke folgen ihnen nach“ (Offb 14,13).

Im Messkanon betet der Priester auch für sich und seine Mitbrüder, bevor wieder um die Gemeinschaft mit den heiligen Märtyrern gefleht wird. Hier steht Johannes der Täufer an der Spitze von jeweils sieben Männern und Frauen, die ihr Leben für Jesus Christus und seine göttlichen Gesetze gegeben haben. Der heilige Johannes ließ sein Leben für die Unauflöslichkeit der Ehe. Niemand hat die Vollmacht, dieses und die anderen Gesetze Gottes zu ändern. Verstoßen wir dagegen, so kehren wir um wie der Verlorene Sohn, geben unsere verkehrten Verhältnisse auf und erhalten in der heiligen Beichte die Vergebung der Sünden vom barmherzigen Vater. Dieser Weg der Umkehr und Reue ist immer wieder zu beschreiten, einen anderen gibt es nicht. Klagen wir niemanden an, sondern beten wir für alle Menschen, besonders in der heiligen Messe.

Das Hochgebet schließt mit dem Lobpreis *Durch Ihn und mit Ihm und in Ihm ist Dir, Gott, allmächtiger Vater, in der Einheit des Heiligen Geistes, alle Ehre und Herrlichkeit in Ewigkeit. Amen* und dem *Vater unser*, das im alten Ritus vom Priester alleine gesungen oder gebetet wird und symmetrisch zu der von ihm gesungenen Präfation steht. Die sieben *Vater unser* – Bitten enthalten alles Notwendige für das irdische und ewige Leben: Wir bitten um die Heiligung des göttlichen Namens; um das Kommen des Gottesreiches; um die Verwirklichung des göttlichen Willens; um unser tägliches Brot (irdische und himmlische Nahrung in Form der heiligen Kommunion sowie der göttlichen Gnaden); die Vergebung unserer Sünden, die unser Verzeihen notwendig mit einschließt; die Bewahrung in den Versuchungen, ohne die niemand gerettet werden könnte, da der Hochmut von Gott wegführt sowie um die Erlösung von dem Bösen. Beten wir bewusst das *Vater unser* und verbinden uns damit mit der heiligen Messe, in der uns Jesus unendlich viele Gnaden und vor allem sich selbst als den unendlichen Gott schenkt.

4.3 Die heilige Beichte – das Sakrament der göttlichen Barmherzigkeit[21]

Im Heiligen Jahr der göttlichen Barmherzigkeit wollen wir uns mit der heiligen Beichte beschäftigen, die uns der unendlich barmherzige Vater durch Seinen einzigen Sohn Jesus Christus geschenkt hat: „Nachdem Er [Jesus] das gesagt hatte, hauchte Er sie an und sprach zu ihnen: Empfangt den Heiligen Geist! Wem ihr die Sünden vergebt, dem sind sie vergeben; wem ihr die Vergebung verweigert, dem ist sie verweigert“ (Joh 20,22f). Damit wird den Aposteln und ihren Nachfolgern, den Bischöfen und Priestern nicht erlaubt, das

---

[21] Erstveröffentlichung: Die heilige Beichte. Das Sakrament der göttlichen Barmherzigkeit, in: Der Fels 48 (2017) 74f.

Sakrament der Beichte willkürlich zu verwalten, sondern im Rahmen der Gesetze Gottes, der der barmherzige und vollkommene Arzt unserer Seele ist.

Wir dürfen weder unsere Krankheiten noch unsere Sünden auf die leichte Schulter nehmen. Kein Mensch würde sich freiwillig eine leichte Verletzung zufügen – bei den sogenannten lässlichen Sünden, die wir besser Wundsünden nennen, weil sie unsere Seele anritzen und unser Verhältnis zu Gott verwunden, sind wir leider weniger vorsichtig. Steuern wir dagegen, indem wir das Gute tun und das Böse meiden. Maßstab dafür ist die Gottes- und Nächstenliebe, das Evangelium, die zehn Gebote und ein guter Beichtspiegel. Bilden wir danach unser Gewissen.

Fliehen wir bei Versuchungen und meiden sie. Beten wir in diesen Situationen und betrügen wir uns nicht selbst. Gefährlich werden uns der Eigenwille, die Untugenden und Schwächen. Durch die Ursünde, den Ungehorsam Gott gegenüber, haben Adam und Eva sowie alle Menschen die heilig machende Gnade, das heißt die göttliche Liebe und das Wohlwollen Gottes verloren. Der barmherzige Gott hat die Menschen aber nicht verlassen, sondern immer begleitet. Er schützte Kain durch ein Mal vor der Ermordung, lässt Noah die Arche bauen, will durch Abraham die ganze Menschheit segnen, schenkt dem Mose die zehn Gebote und mahnt durch die Propheten zur Umkehr. Gott liebt die Welt so sehr, dass Er Seinen einzigen Sohn Jesus Christus sendet, der den Menschen das Reich Gottes verkündet, die Kranken heilt und den Sündern vergibt bis hin zu Seinen Henkern. Jesus leidet und stirbt für uns. Er will, dass wir mit Ihm auferstehen. Deshalb schenkt Er uns die Sakramente. In der Taufe nimmt der dreifaltige Gott uns die Erbschuld und schenkt uns Seine Liebe. Den Zündstoff der Sünde lässt Er uns zur Bewährung und zum Kampf. Wenn wir fallen, richtet Gott uns in der heiligen Beichte wieder auf. Unser tägliches Brot ist der Kampf gegen die Versuchungen und Sünden.

Persönliche Sünden sind bewusste und willentliche Übertretungen der Gebote Gottes. Bei einer Wundsünde (= lässliche Sünde) bleiben wir in der

Gnade und in der Liebe Gottes, entfernen uns aber von Ihm, was wir sehr ernst nehmen müssen, wie auch unsere leiblichen Krankheiten. Bei einer Todsünde (= schwere Sünde) übertreten wir bewusst und freiwillig in einer schweren Sache die Gebote Gottes. Hier ist es hilfreich, wenn wir ohne anzuklagen konkret werden. Schwere Sünden sind: Gotteshass, nicht beten, vom Glauben abfallen, fluchen, die Sonntagsmesse ohne schwere Krankheit auslassen, die Eltern schwer missachten, Mord, Abtreibung, Verhütung, Ehebruch, fehlende Nächstenliebe wie Mobbing, schwerer Diebstahl. Heilung finden wir wie der verlorene Sohn in der heiligen Beichte.

Das Zentrum der heiligen Beichte ist die Reue. Aus Liebe zu Gott (= Liebesreue) tun uns unsere Sünden leid, wir wollen nicht mehr sündigen: „*Dich liebt, o Gott, mein ganzes Herz und dies ist mir der größte Schmerz, dass ich erzürnt Dich höchstes Gut, drum wasch mich rein in Jesu Blut. Dass ich gesündigt, ist mir leid, zu bessern mich bin ich bereit. Verzeih, o Gott, mein Herr, verzeih und wahre Buße mir verleih. Amen*“. Wenn eine große Fleischwunde nicht behandelt wird, werden wir daran sterben. Die Furcht vor der Hölle und der Gerechtigkeit Gottes nennen wir Furchtreue. Sie ist ausreichend für die heilige Beichte. Besser ist es, wenn wir uns um die Liebesreue bemühen, wobei die Grenzen fließend sind.

In der heiligen Beichte ist ein ehrliches und vollständiges Bekenntnis notwendig. Schämen wir uns nicht – wir sind alle Sünder. Haben wir unabsichtlich etwas vergessen, wird diese Sünde uns verziehen – wir bekennen sie in der nächsten heiligen Beichte. Am besten sagen wir nach unserem Bekenntnis in der heiligen Beichte, dass wir alle unsere Sünden seit unserer Sündenfähigkeit mit einschließen. Vergessen wir absichtlich eine schwere Sünde, ist die Beichte ungültig und zu wiederholen. Wir müssen auch unbedingt erwähnen, dass wir etwas verschwiegen haben und was wir verschwiegen haben.

Der Priester legt uns nach der Lossprechung eine Buße auf, die wir als Ausdruck unserer Reue gerne verrichten. Selbstverständlich haben wir angerichteten Schaden wieder gut zu machen.

Hilfreich sind uns die sogenannten **6 B**: *Beten* um den Heilligen Geist – *Besinnen* (Beichtspiegel, Gewissenserforschung) – *Bereuen* (die Sünden tun uns leid)– *Bessern* (Vorsatz) – *Bekennen* (dem Priester in der heiligen Beichte) – *Büßen* (das Bußwerk verrichten und den Schaden wieder gut machen).

Neben dem allgemeinen Vorsatz, nicht mehr zu sündigen, ist auch ein spezieller Vorsatz wichtig. Wir arbeiten besonders gegen eine unserer Untugenden, was auch insgesamt positive Auswirkungen haben wird. Lassen wir uns nicht entmutigen, wenn wir immer das Gleiche beichten müssen, stehen wir sofort wieder auf, bleiben wir nicht liegen! Denken wir an die Sünder im Evangelium, die von Jesus Vergebung erfahren durften: Zachäus, Petrus, Maria Magdalena und der rechte Schächer am Kreuz.

Gehen wir regelmäßig zur heiligen Beichte, damit uns Jesus die Seele durch die Vergebung der Sünden reinigt, unsere Wunden verbindet sowie uns in unserem Kampf durch besondere Gnaden stärkt. Wir kümmern uns ja auch um unseren Leib. Bitten wir Gott um seine Gnaden, sein Gabentisch ist voll und Er weiß, was wir brauchen. Wichtig ist, dass wir dies erkennen und Gott darum bitten. Wir dürfen nicht selbstgerecht und selbstgefällig werden; das heißt, wir dürfen keinen Stein auf eine andere Seele werfen, weil wir alle gleich sind.

Eine wichtige Hilfe ist uns der Ablass, der die heilige Beichte, die heilige Kommunion und die entschlossene Abkehr von jeder Sünde als Zentrum hat, so dass der Ablass ganz auf die Liebe zu Gott ausgerichtet ist. Dazu kommt noch ein besonders Werk wie etwa der Gang durch eine heilige Pforte oder das gemeinsame Rosenkranzgebet oder die Teilnahme an einer halbstündigen Anbetung vor dem Allerheiligsten sowie ein Gebet für den Papst. In der Beichte werden uns die Sünden vergeben und wir sind von der ewigen Sündenstrafe (= Hölle) frei. Es bleiben aber zeitliche Sündenstrafen. Man kann die

Sündenstrafen mit den Rückständen in einer Lunge eines Rauchers vergleichen, der mit diesem Laster aufgehört hat oder auch mit Gold, das im Schmelzofen von der Schlacke gereinigt werden muss. Im Ablasswerk können wir davon befreit werden, wozu uns die Verdienste Christi und Seiner Heiligen zu Verfügung gestellt werden. Es ist schön, wenn wir die Armen Seelen in der Reinigung nicht vergessen und ihnen unser Ablasswerk schenken, sie werden es uns danken. Stellen wir bei der heiligen Beichte immer die Barmherzigkeit, Liebe und Güte Gottes in den Mittelpunkt. Die heilige Beichte ist keine Schikane, sondern eine Befreiung von den gegen Gott, die Mitmenschen und uns selbst gerichteten Sünden. Jeder vernünftige Mensch entfernt den Schmutz an seinem Leib – umso mehr sollen, ja müssen wir durch Jesus in der heiligen Beichte den Schmutz unserer Seelen entfernen lassen; denn nur Gott kann Sünden vergeben, was Er auch gerne tut. Machen wir uns dabei in Versuchungen und allen widrigen Situationen immer klar: Wir dürfen für Jesus kämpfen, weil Er für uns gestorben ist!

Eine weitere Hilfe ist das schöne Gebetchen: „*Jesus, Maria, Josef, ich liebe Euch, rettet Seelen*“. Damit üben wir die Gottes- und die Nächstenliebe.

4.4 Der Priester[22]

Des Priesters Beruf ist dazu da, die Menschen in die Heiligkeit zu bringen. Gott schenkt uns die Gnade und die Sakramente dazu. Ein Priester, der nicht aus Gott geworden ist, kann zwar die Sakramente gültig spenden, sein Wirken in der Predigt und in seinem Leben bleibt aber äußerst begrenzt. So muss er sich wieder dem Willen Gottes in Liebe unterwerfen, der nur das Beste

[22] Erstveröffentlichung: Der Priester – Mittler zwischen Gott und den Menschen, in: Der Fels 47 (2016) 200f.

für uns will, damit wir Priester aus dem Heiligen Geist nach dem Evangelium leben und es glaubwürdig verkünden können. Werfen wir einen Blick in den Katechismus (KKK 1539-1600), wo uns das Sakrament der heiligen Weihe mithilfe der Hl. Schrift beschrieben wird.

Schon im Alten Bund erwählte sich Gott den Stamm Levi für den Gottesdienst (Num 1,48-53). Die Priester wurden durch einen besonderen Ritus geweiht (Lev 8), um Gottes Wort zu verkünden (Mal 2,7-9) und Opfer für die eigenen Sünden und die des Volkes darzubringen (Hebr 5,1). Der priesterliche Dienst Aarons und der 70 Ältesten dient der Kirche als Vorbild des neutestamentlichen Priestertums, das seinen Ursprung in Jesus, dem einzigen Hohenpriester hat (Hebr 5,10; 6,20). Jesus Christus ist der einzige Mittler zwischen Gott und den Menschen (1 Tim 2,5) und hat sein geheimnisvolles Vorausbild in Melchisedek (Hebr 5-7), dem Priesterkönig von Salem (das spätere Jerusalem). Melchisedek bringt Abraham Brot und Wein – ein früher alttestamentlicher Hinweis auf die heilige Messe (Gen 14,18; Hebr 7). Die alttestamentlichen Opfer mussten wiederholt werden und waren Hinweise auf das künftige Opfer Jesu Christi. Dieses makellose Lebensopfer des sündenlosen und heiligen Christus (Hebr 7,26) am Kreuz ist einmalig (Hebr 10,14), wird aber in jeder heiligen Messe sakramental gegenwärtig. So wird auch das einmalige Priestertum des einzigen Hohenpriesters Jesus Christus in seinen geweihten priesterlichen Dienern gegenwärtig. Dieses Weihepriestertum unterscheidet sich wesentlich vom allgemeinen Priestertum der Gläubigen, das diese in der Taufe und der Firmung verliehen bekommen. Den Gläubigen wird durch die Taufe ermöglicht, fruchtbar am Messopfer teilzunehmen, das die geweihten Priester in der Person Jesu Christi im Auftrag der Kirche darbringen. So erhalten alle andächtigen Teilnehmer der heiligen Messe einen Vorgeschmack auf die ewige himmlische Liturgie. Ohne die Taufe kann man nicht als Christ leben und auch die Priesterweihe nicht empfangen.

Sowohl die Gläubigen als auch die Priester sind angehalten, ein Leben nach den Gesetzen Gottes in Liebe zu führen. Der Heilige Geist schenkt uns dazu die notwendigen Gnaden und sorgt für die gültige Spendung der Sakramente, wenn die Priester sich an die Vorgaben Jesu halten. Die Sünden der Priester machen die Sakramente nicht unwirksam, weil Christus durch seine Stellvertreter wirkt, was ein großer Schutz für die Gläubigen ist. Jedoch schaden diese Sünden der Priester ihrem eigenen Heil und das schlechte Vorbild zieht viele Gläubige mit in die Sünde - sei es in der Anklage oder auch in der Nachahmung.

Der Priester handelt bei der Spendung der Sakramente in der Person Christi des Hauptes der Kirche. Diesen Dienst muss er nach dem Vorbild Christi, der seinen Jüngern die Füße gewaschen hat (Joh 13) und für uns am Kreuz gestorben ist, als Dienst an den Gläubigen ausführen. Damit dieser wichtige kirchliche Dienst geordnet abläuft, hat schon Jesus eine Stufung der Ämter eingeführt, wobei der Größte der Diener aller sein muss (Mt 23,11). Petrus wurde von Jesus als der erste unter den Aposteln bestimmt (Mt 16,18; Joh 21; Lk 22,32); Petrus, Jakobus und Johannes gehörten zum engeren Kreis um Jesus (Lk 9,28). In der apostolischen Zeit wirkten neben den Aposteln die Diakone (Apg 6). Paulus weihte Bischöfe durch Handauflegung als Apostelnachfolger (2 Tim 1,6) und berichtet uns von den Anforderungen, die an Bischöfe, Priester (= die Ältesten) und Diakone gestellt werden (1 Tim 3,1-13; Tit 1,5-9). Wenn Paulus von Frauen und Kindern der Bischöfe und der Diakone berichtet, so muss man wissen, dass die Geistlichen ihre Familien wie die Apostel um Christi willen verließen. Die Frau und die Kinder waren in der Großfamilie versorgt[23]. Jakobus (5,14) beschreibt die Spendung der Krankensalbung durch die Priester (= die Ältesten). So wurde schon in der Zeit

[23] Vgl. dazu die ausführliche Studie von Stefan Heid, Zölibat in der frühen Kirche, Paderborn ^{3}2003.

der Apostel die heutige Struktur der Weiheämter in ihrer wesentlichen Ausprägung Bischof – Priester – Diakon grundgelegt.

Der Papst ist als Nachfolger Petri der Stellvertreter Christi auf Erden und gleichzeitig Bischof von Rom. Auch er hat sich an die Gesetze Christi zu halten, weil Jesus deutlich zu Petrus sagt: „Wenn du dich bekehrt hast, stärke deine Brüder“ (Lk 22,32). Durch die Taufgnade sind auch die Gläubigen im Stande, die Gebote und Gesetze Gottes (Glaubensbekenntnis, zehn Gebote, sieben Sakramente) zu verstehen. Das Gesetz Gottes ist uns ins Herz geschrieben (Röm 2,15). Dadurch werden wir unter Anleitung des Heiligen Geistes in die Lage versetzt, auf dem schmalen Weg zu Christus zu gelangen. Im 4. und 5. Jahrhundert glaubten im Gefolge des Arius etwa 75% der Bischöfe nicht mehr an die Gottheit Jesu Christi. Ja sogar Päpste wurden unter dem brutalen Druck der Kaiser schwankend. Viele Getaufte scharten sich um gläubig gebliebene Bischöfe wie den heiligen Athanasius und bewahrten so ihren Glauben.
Die Unfehlbarkeit des Papstes bezieht sich auf die korrekte Verkündigung des geoffenbarten Glaubens und der zehn Gebote, die niemand ändern kann, da Jesu Worte nicht vergehen (Mt 24,35). Dies gilt selbstverständlich auch für die Heiligkeit und Unauflöslichkeit der Ehe. Wichtig ist, dass wir keine Schlupflöcher suchen, sonst laufen wir Umwege und verlieren kostbare Zeit. Kehren wir um wie der verlorene Sohn, Petrus und Maria Magdalena. Der barmherzige Vater wartet auf uns und empfängt uns mit offenen Armen.

Ebenfalls ist es falsch, sich irgendwelchen illegalen Gruppierungen anzuschließen. Gehen wir den geraden und schmalen Weg zu Jesus. Dies ist sehr schwer, aber der Heilige Geist überhäuft uns mit Gnaden und verlässt uns nicht. Jesus hat die Sünden seiner Apostel und deren Nachfolger sowie unsere Sünden vorhergesehen (Lk 22,32) und uns allen die heilige Beichte zur Vergebung unserer Schuld geschenkt (Joh 20,22f).

Die Bischöfe leiten unter dem Papst ihre Bistümer und werden dabei von den Priestern und Diakonen unterstützt. Bischöfe und Priester repräsentieren

Christus als das Haupt der Kirche. Die Priester sind dabei den Bischöfen zugeordnet und werden als „Priester zweiter Ordnung" bezeichnet. Die Diakone sind zum Dienst an den Bedürftigen geweiht (Apg 6), damit sich Bischöfe und Priester stärker dem Gebet und der Verkündigung des Evangeliums widmen können. Selbstverständlich dürfen auch sie und wir alle die Nächstenliebe nie außer Acht lassen, weil dieses Gebot Christi der Ausdruck unserer Gottesliebe ist!

Um ihren schwierigen und ehrenvollen Dienst ausführen zu können, siegelt der Heilige Geist die Bischöfe, Priester und Diakone mit einem unauslöschlichen Merkmal unterschiedlicher Intensität. Dadurch können sie das Evangelium mit Vollmacht im Gottesdienst verkünden und die Sakramente spenden. Die Diakone sind ausschließlich in der Lage, die Taufe gültig zu spenden, was anderen Menschen im Notfall auch möglich ist. Diakone können weder die Firmung, noch die Krankensalbung, noch die Beichte und die heilige Messe feiern – sie würden ein Sakrileg begehen und die Sakramente wären ungültig, weil es Jesus und die Apostel so nicht bestimmt und gewollt haben. Die heiligste Aufgabe der Diakone in der heiligen Messe ist die Verkündigung des Evangeliums. Dazu erhalten sie ihre Befähigung und Siegelung in der heiligen Weihe. Dieser liturgische Dienst kann von Laien nicht übernommen werden! Damit die Geweihten ihren Dienst würdig und fruchtbar ausüben können, schenkt ihnen der Heilige Geist die heiligmachende Gnade. Beten wir für den Papst, die Bischöfe, die Priester und die Diakone. Nehmen wir unser Kreuz auf uns und folgen wir Jesus und seinen Weisungen. Er ist treu und lässt uns nie im Stich. Wenn ein Geistlicher uns etwas gegen die Gesetze Gottes befehlen sollte, dürfen wir nie gehorchen, aber auch nicht die Kirche Christi als Rebellen verlassen, sondern in aller Demut weiter nach den Geboten Gottes leben, dem man mehr gehorchen muss als den Menschen (Apg 5,29).

Jesus, sanftmütig und demütig von Herzen, bilde unser Herz nach Deinem Herzen!

4.5 Biblische Anmerkungen zur Ehe[24]

Das Buch Genesis beschreibt die Ehe zwischen Mann und Frau als einen von Gott in die Schöpfungsordnung eingestifteten Bund, der auf Kinder hin ausgerichtet ist (Gen 1,26-28; 2,18-24). Der Mann verlässt nach dem Willen Gottes seine Eltern und verbindet sich mit seiner Frau. Dieser Bund wird von Gott geheiligt (Dtn 22,22-27; Ex 20,14). Jesus bezeichnet schon den begehrenden Blick als Todsünde (Mt 5,27f), um den Ehebund zwischen Mann und Frau zu schützen.

Die Propheten (Hos 2,18-25; Jer 3,7f; Jes 50,1; Mal 2,14f) und die Weisheitsliteratur (Spr 5,18; 31,10-31; Sir 26,1.16) bevorzugen wegen des Bundes zwischen Gott und seinem Volk die Einehe als dessen Abbild. Bei den Patriarchen wurde auch die Vielweiberei praktiziert. Der Mann konnte einen Scheidebrief ausstellen (Dtn 24,1), was ihm eine sukzessive Polygamie ermöglichte und von Jesus als hartherzig verurteilt wird (Mt 19,8). Jesus verkündet die Einehe und deren Unauflöslichkeit und stellt damit den ursprünglichen Willen Gottes wieder her (Mt 19,5) (Mt 19,3-9; Mk 10,2-12; Lk 16,18). Wie der alte Bund durch den neuen Bund in Jesus Christus erfüllt wird, so vollendet die sakramentale Ehe die Naturehe.

Der von Mose erlaubte Scheidebrief (Dtn 24,1-4) wurde zurzeit Jesu verschieden interpretiert. Der Rabbiner Hillel genehmigte die Entlassung der Frau schon bei einem Streit oder wenn der Mann irgendetwas an seiner Frau auszusetzen hatte (Sir 25,26). Schammai akzeptierte dagegen die Ausstellung des Scheidebriefes nur bei schweren moralischen Verstößen wie Ehebruch (Jer 3,8). Die Pharisäer wollen Jesus eine Falle stellen, weil er die absolute

---

[24] Erstveröffentlichung: „Nur weil ihr so hartherzig seid" (Mt 19,8). Biblische Anmerkungen zur Ehe, in: Der Fels 46 (2015) 110f.

Unauflöslichkeit der Ehe lehrt (Mk 10,2-12; vgl. Lk 16,18) und sich damit gegen das Gesetz des Mose wendet. Der Herr weist die Pharisäer auf den ursprünglichen Willen Gottes hin: Dieser hat Mann und Frau füreinander geschaffen. Sie sollen ihren Ehebund nach dem Vorbild der Treue Gottes zu seinem Volk erfüllen.

Die Unzuchtsklausel bei Matthäus scheint dem absoluten Scheidungsverbot Jesu entgegenzustehen: Der Herr untersagt die Entlassung der Frau *außer bei porneia = Unzucht* (Mt 5,32; 19,9). Diese Klausel muss nun im Kontext der anderen Schriftstellen interpretiert werden, wo Jesus eine Wiederheirat bei noch lebendem Ehepartner als Ehebruch und damit als Todsünde verurteilt. Würde Jesus im Fall von Ehebruch eine Scheidung mit einer erneuten Heirat erlauben, entspräche dies der Lehre Schammais. Seine Antithese „ich aber sage euch" (Mt 5,32), mit der er die Ausstellung des Scheidebriefs verwirft und die Gesetze Gottes in ihrer Ursprünglichkeit wieder einschärft, wäre somit sinnlos.

(1) Hieronymus und Augustinus übersetzten *porneia* nicht mit Unzucht, sondern mit Ehebruch. Sie erlauben eine Trennung von Tisch und Bett, aber keine Wiederheirat, die von Jesus als Ehebruch verworfen ist. Kaiserliche Gesetze, die eine Wiederheirat gestatten, werden von Ambrosius, Hieronymus, Augustinus und Johannes Chrysostomus bekämpft.

(2) Man könnte die Matthäusklausel auch so übersetzen, dass nicht einmal im Fall des Ehebruches oder der Unzucht eine Entlassung der Frau und eine Wiederheirat erlaubt ist. Diese Möglichkeit ist lexikalisch sehr selten bezeugt, fügt sich aber in den biblischen Kontext gut ein.

(3) Mit *porneia* könnte auch eine verbotene Ehe zwischen Verwandten oder Stammesfremden gemeint sein. Die Septuaginta übersetzt die hebräischen Begriffe *zenût* (Hos 1,2) und *zonah* (Ri 11,1) mit *porneia*, was soviel wie Prostitution/Inzest bedeutet. In 1 Kor 5,1 meint *porneia* die unerlaubte Verbindung mit Verwandten (Lev 18,6). Hebr 12,16 verurteilt Esau wegen

seiner Ehe mit einer stammesfremden Frau (Gen 26,34; 27,46; vgl. Tob 4,12) als *pornos* (= Unzüchtiger). Das Zusammenleben mit einer geschiedenen Frau ist nach Sir 23,23 Unzucht. Alle diese unzüchtigen Verbindungen (*porneia*) sind nach dem Willen Jesu aufzugeben, weil sie sündhaft sind (vgl. Mt 5,31f; 19,9).

Alle drei Interpretationen lassen sich inhaltlich miteinander verbinden, weil sie in keinem Fall eine Wiederheirat erlauben, wenn der Gatte noch lebt.

Die Lehre Jesu über die Ehe findet man auch in den Briefen des heiligen Paulus (1 Kor 7,10f; Röm 7,2-4; Eph 5,21-33) Die Ehe ist heilig und bildet den Bund zwischen Christus und Seiner Kirche ab (Eph 5,21-33). Nach dem Tod eines Gatten ist eine erneute Heirat möglich, vorher nicht (Röm 7,2f).

Die Empfehlung, dass zivil wiederverheiratet Geschiedene wegen der Kindererziehung in einer Wohnung bleiben, falls sie auf den ehelichen Akt verzichten, bringt viele Probleme mit sich: (1) „Man darf nichts Böses tun, damit Gutes entsteht (vgl. Röm 3,8; Enzyklika *Veritatis Splendor* Nr. 78)". (2) „Wenn dich dein Auge zur Sünde verführt, dann reiß es aus, es ist besser, einäugig in das Himmelreich einzugehen als mit beiden Augen in die ewige Verdammnis" (Mk 9,47). Damit ist nicht die Selbstverstümmelung gemeint, sondern in diesem Fall die Trennung. (3) Trotz des Verzichts auf den ehelichen Akt leben beide Eltern in einer eheähnlichen Verbindung: Sie geben damit ein schlechtes Beispiel und sind sich permanent Anlass zur Versuchung. (4) Viele verlassene Menschen tragen allein ihr schweres Los. Eine Trennung unter gemeinsamer Sorge für die Kinder entspricht dem Evangelium und bringt eine wahre Reue zum Ausdruck, weil die Gebote Gottes ernst genommen werden. Hier könnte man nun einwenden, warum dem Mörder Barmherzigkeit erwiesen werde, dem Ehebrecher jedoch nicht. Für beide ist die Umkehr, das heißt das Ablassen von der Versuchung mit dem entsprechenden Leben, erforderlich. Der Herr wird dazu die notwendige Gnade schenken, denn das Himmelreich erlangt nur derjenige, der Gewalt anwendet (Mt 11,12). Dies kann sich wegen des Gebotes der Nächstenliebe nicht auf andere Menschen beziehen, sondern auf die

Selbstüberwindung, die etwa Maria Magdalena, Johannes der Täufer, Thomas Morus und John Fisher geleistet haben. Maria Magdalena bekehrte sich, als Jesus sie nach einem Ehebruch vor der Steinigung rettete, die anderen genannten Personen erlitten für die Verteidigung der Heiligkeit und Unauflöslichkeit der Ehe das Martyrium. „Für Gott ist alles möglich" (Mk 10,27). Gott prüft uns, ob unsere Liebe zu Ihm ernst gemeint ist. Er will uns ganz. Würde Er uns nur über grüne Wiesen gehen lassen, würden wir Ihn vergessen. Alle Erfolge würden wir uns selbst zuschreiben. Wir würden die Demut verlieren, dem Hochmut verfallen und wären verloren.

Die christlichen Ehe ist mit der Jungfräulichkeit eng verbunden (Mt 19,10-12; vgl. 1 Kor 7,7f; 25-34). Beide Stände erfordern Verzicht und die Enthaltsamkeit (Mt 19,10-12; 1 Kor 7,5). Nach der Auferstehung ist die Ehe nicht mehr notwendig (Mt 22,30), weil die Ausrichtung auf Nachkommenschaft sowie die notwendige gegenseitige Ergänzung entfällt. Im Himmel ist Gottes Herrschaft alles in allem (1 Kor 15,28). Er ist die unendliche Güte, Liebe und Vollkommenheit. Die Würde des Standes der Jungfräulichkeit ergibt sich aus dem Leben Jesu, Mariens, Johannes des Täufers und des Evangelisten Johannes. Dazu ist eine besondere Berufung und totale Hingabe an Gott notwendig.

Jesu Worte werden nicht vergehen – jede Reform hat diese zum Maßstab (Mt 24,35). Der Herr schenkt uns Seine Gnade und Liebe, damit wir Sein Joch (Mt 11,28-30) und Sein Kreuz (Mt 10,38) tragen können. Nur so kommen wir auf dem schmalen Weg durch die enge Pforte (Mt 7,13f) in Sein Reich, das viele Wohnungen hat (Joh 14,2f). Wir werden nicht allein sein, wenn wir Jesus demütig bitten: „*Herr, wärme uns mit Deiner Heiligkeit*".

4.6 Die heilige Krankensalbung[25] – innige Verbindung mit dem leidenden Christus[26]

Jesu Heilswirken an den Kranken geht tiefer als ihnen die Gesundheit wieder zu schenken. Durch Seine Zeichen und Machttaten offenbart Er sich als Erlöser und Gott. Jesus will die Menschen von ihrer schwersten Krankheit befreien: der Sünde und Gottverlassenheit. Zudem zeigt uns die Heilige Schrift, dass gerade die Gerechten wie Jesus und die Gottesfürchtigen wie etwa die Propheten, die Apostel und die Gottesmutter viel leiden müssen. Sie leiden aus Liebe für die Schuld anderer, die ihnen durch ihre Sünden schwer zusetzen. Im jüdischen Denken waren Sünde und Krankheit eng verbunden. Manche werden krank wegen ihrer Sünden, andere wegen den Sünden ihrer Vorfahren. Niemand werfe hier den ersten Stein, denn wir kennen die genauen Zusammenhänge nicht und sind alle Sünder. Wir alle leiden unter den Folgen der Erbsünde, unserer eigenen Sünden sowie der Sünden anderer Menschen. Wir verbessern hier nichts durch das Anklagen, was wiederum eine Sünde ist, sondern indem wir mit der Gnade und der Hilfe Gottes uns selbst anstrengen und bessern.

Jesus hat uns nicht das Paradies auf Erden versprochen, sondern das Ewige Leben beim Vater, das wir durch die Kreuzesnachfolge erlangen. Er lässt uns dabei aber nicht alleine, sondern ist uns als Vorbild vorangegangen. Der Herr begleitet uns durch Seine Gnaden und Sakramente. Jesus sendet die Apostel zu den Menschen. Die Apostel predigen die Umkehr, salben die Kranken mit Öl und heilen sie (Mk 6,12f). Damit ist sicherlich auch im Zusammenhang mit der Predigt von der Umkehr eine innere Heilung intendiert.

---

[25] Vgl. auch Anton Ziegenaus, *Die Heilsgegenwart Christi in der Kirche – Sakramentenlehre*, in: Scheffczyk/Ziegenaus, Katholische Dogmatik VII, Aachen 2003, 428-462.

[26] Erstveröffentlichung: „Ist einer unter euch krank – dann rufe er die Priester“, in: Der Fels 48 (2017) 312f.

Die Bischöfe und die Priester stehen in der Nachfolge der Apostel und haben die gleichen Aufgaben. Im Jakobusbrief (5,14f) ist dies deutlich beschrieben: Die schwer Kranken sollen die *Presbyter* (= Priester) rufen. Diese beten über sie und salben sie mit Öl. Der Herr wird die Kranken *retten*, *aufrichten* sowie die Sünden vergeben. Mit *Rettung* ist im Neuen Testament neben der Bewahrung vor dem zeitlichen Tod auch die Bewahrung vor dem ewigen Tod gemeint. *Aufrichten* bedeutet eine Stärkung in der schweren Krankheit durch Gott. Weil die von Jesus Christus nach Seiner Auferstehung eingesetzte heilige Beichte das Sakrament der Sündenvergebung ist (Joh 20,22f), ist dieses Sakrament vor der Krankensalbung zu spenden, wenn dies dem Kranken möglich ist. Wenn der schwer kranken Person die heiligen Beichte vor der heiligen Krankensalbung nicht möglich war und sie wieder gesund wird, so ‚muss' (darf!) und wird sie die heilige Beichte nachholen, um ihre Sünden zu bekennen und um die vielen schönen Gnaden, die Gott ihr schenken will, zu empfangen.

Die vorgelegte kurze Beschreibung der heiligen Krankensalbung aus dem Jakobusbrief wird nun im Folgenden ausführlicher erläutert. Im Hintergrund steht dabei die Jahrtausende alte Praxis der von Jesus Christus durch die Apostelberufungen und die Geistsendung an Pfingsten gegründeten katholischen Kirche.

Gültig spenden das Sakrament der Krankensalbung allein die Bischöfe und die Priester. Die Diakone und Laien sind nicht in der Lage, die Krankensalbung gültig zu spenden. Gegenteilige Bräuche und Meinungen sorgen immer wieder für Verwirrung und wurden von der Kirche zu recht streng verurteilt. Dies dient dem Schutz der Kranken, damit sie nicht getäuscht werden. Rufen Sie deshalb rechtzeitig einen Priester, damit die kranke Person auch noch die heilige Beichte empfangen kann.

Empfänger der heiligen Krankensalbung sind schwer erkrankte Menschen. Man soll nicht zu lange warten, bis man den Priester ruft. Es ist aber wichtig, dass eine schwere Krankheit vorliegen muss, durch die man in

Lebensgefahr geraten kann. Die Päpste und die Bischöfe lehnen zu Recht Krankensalbungsgottesdienste an Wallfahrtsorten, in Krankenhäusern oder in Altenheimen ab, die ungeprüft jedem das Sakrament spenden. Die Beschränkung der Spendung auf die unmittelbare Sterbestunde geht auf die Franziskanertheologen Bonaventura und Duns Scotus zurück. Diese Praxis wird nicht durch das Konzil von Trient gestützt. Auf dem II. Vatikanum wurde ausdrücklich noch einmal betont, dass die heilige Krankensalbung schon den schwer erkrankten Gläubigen zu spenden ist und man im Zweifelsfall nicht warten soll. Selbstverständlich darf und muss das Sakrament auch den Sterbenden gespendet werden. Das eigentliche Sterbesakrament ist die heilige Kommunion, die heilige Wegzehrung. Idealerweise ist nach Möglichkeit die Reihenfolge heilige Beichte, heilige Krankensalbung, heilige Kommunion einzuhalten.

Notwendig für die Gültigkeit der Spendung der heiligen Krankensalbung ist das vom Bischof geweihte Öl, das der Priester im Notfall auch selbst weihen darf.

Die Wirkungen der Krankensalbung sind vielfältig. Im Zentrum steht die innige Verbindung mit dem leidenden Christus, der uns vor dem ewigen Tod errettet. Durch die Spendung des Sakramentes empfängt der Kranke Trost und vor allem Gnaden. Eine schwere Krankheit ist immer existentiell bedrohlich. Bezüglich der im Jakobusbrief angedeuteten Sündenvergebung müssen wir genau unterscheiden. Wir haben schon betont, dass vor der Spendung der Krankensalbung nach Möglichkeit die heilige Beichte zu empfangen ist. Ist der Kranke dazu aus irgendeinem vernünftigen Grund (Bewusstlosigkeit) nicht in der Lage, muss und wird er die Beichte nachholen, wenn er wieder gesundet. Wenn nicht wird ihm bei richtiger Disposition der barmherzige Herr gnädig sein. Es soll deshalb noch einmal betont werden, dass man nicht zögern soll, einen Priester zu rufen. Die Spendung der Krankensalbung kann auch die körperliche Gesundung fördern oder sogar wiederherstellen. Der Mensch ist eine

Einheit aus Leib und Seele. Diese Wirkung muss allerdings nicht unbedingt eintreten – im Mittelpunkt steht die Hinordnung auf Jesus Christus und das Ewige Leben bei Ihm. Dies ist letztlich unser aller Ziel und Lebensinhalt – die Gottes- und die Nächstenliebe, die wir in Worten und noch mehr in Taten leben sollen. Ohne die Hilfen und Gnaden des Herrn ist uns dies nicht möglich. Vertrauen wir auf Ihn und bitten wir Ihn immer wieder um Seine Huld.

Die Begleitung und Betreuung schwer Erkrankter und Sterbender ist ein Werk der Barmherzigkeit[27]. Deshalb wiederhole ich es jedes Mal mit liebendem und frohem Herzen: Seid gut zueinander. So folgen wir unserem Herrn und Gott Jesus Christus, Seiner Mutter Maria und den Heiligen nach.

5 Der Weg der Liebe[28]

Der heilige Paulus zeigt uns im dreizehnten Kapitel des ersten Korintherbriefes einen Weg, der alle anderen Wege übersteigt – den Weg der Liebe. Die Liebe ist das Wesen des dreifaltigen Gottes (1 Joh 4,8.16), der die Welt so sehr geliebt hat, dass Er Seinen einzigen Sohn für uns am Kreuz dahingab (Joh 3,16), weil Er uns zuerst geliebt hat (1 Joh 4,19). Durch diese Hingabe werden wir Kinder Gottes (1 Joh 3,1) im Heiligen Geist, der in unsere Herzen ausgegossen ist (Röm 5,5), damit wir Ihn und die Nächsten lieben können (Mt 22,37-40). Die Nächstenliebe ist der Beweis der Gottesliebe und schließt die Feindesliebe mit ein (Mt 5,43-48). Der Vater liebt den Sohn und der Sohn liebt den Vater (Eph 1,6) im Heiligen Geist und diese drei sind eins. Der

---

[27] Vgl. *Die Begleitung Schwerstkranker und Sterbender. Eine Handreichung für Angehörige und gläubige Laien.* Herausgegeben vom Bischöflichen Ordinariat Augsburg, 2000; Peter Christoph Düren, *Gast auf Erden. Sterben und Tod aus christlicher Sicht*, Augsburg 1997.

[28] Erstveröffentlichung: ... und hätte die Liebe nicht, in: Der Fels 48 (2017) 136f.

dreieinige Gott liebt die Menschen (Joh 1,13), für die Sich der ewige Sohn hingibt.

Wir wollen nun die schönen Verse im dreizehnten Kapitel des ersten Korintherbriefes der Reihe nach betrachten und sie in unserem Leben in die Tat umsetzen.

Alle Sprachen, jegliche Prophetengabe und sogar der Glaube, der Berge versetzen kann, sind ohne die Liebe nichts (1 Kor 13,1f). Der Glaube, das heißt das Vertrauen in Gott und seine Offenbarung, die Er uns durch Mose, die Propheten und vor allem durch Seinen Sohn Jesus Christus geschenkt hat, ist eine wesentliche Säule unseres Lebens, bedarf aber notwendigerweise der Liebe, die sich an den dreifaltigen Gott und die Menschen selbstlos verschenkt.

Das Verschenken des ganzen Besitzes und die Hingabe des Lebens (1 Kor 13,3) sind herausragende Tugenden, die aber ohne die Liebe wertlos sind, weil sie erst in dieser Gesinnung Gott wohlgefällig werden. Denn diese Taten werden ohne die Liebe zur bloßen Prahlerei (1 Kor 13,4), so dass wir dem Irrglauben verfallen, alle guten Werke aus eigener Kraft verrichtet zu haben. Wir können aber getrennt von Jesus nichts vollbringen (Joh 15,5).

In 1 Kor 13,4-7 beschreibt der heilige Paulus das Verhalten des liebenden Gottes, dem wir nacheifern sollen: Gott ist langmütig, geduldig und gütig. Ein Mensch, der in der Liebe ist, ereifert sich nicht, er prahlt nicht und er bläht sich nicht auf. Dieser Mensch ist also sanftmütig und demütig von Herzen (Mt 11,29). Die Liebe sucht nicht ihren Vorteil. Jesus hat Seine vielen Wunder nicht für Sich gewirkt, um Sich darzustellen, sondern um den Menschen zu helfen und diese zum Glauben an Ihn zu führen. Jesus heilte Kranke, erweckte Tote zum Leben (Lazarus, die Tochter des Jairus, den Jüngling von Naim), wandelte Wasser in Wein, bewirkte die wunderbare Brotvermehrung und vergab den Menschen ihre Sünden. Durch die Heilung des Gelähmten zeigte Jesus den Pharisäern, dass Er dazu die göttliche Vollmacht hatte. Die Liebe trägt das Böse nicht nach: „Vater, vergib ihnen, denn sie wissen nicht, was sie tun“ (Lk 23,34).

Jesus steigt nicht vom Kreuz herab. Er vollendet vielmehr aus Liebe zum Vater und zu uns sündigen Menschen Sein Opfer der Lebenshingabe, um uns zu erlösen.

Die Liebe lässt sich nicht zum Zorn reizen, zeigt keine Schadenfreude und freut sich an der Wahrheit (1 Kor 13,5f), die Jesus selbst ist: „Ich bin der Weg, die Wahrheit und das Leben" (Joh 14,6). Die Liebe erträgt, glaubt und hofft alles (1 Kor 13,7). Gott, der die Liebe selbst ist (1 Joh 4,8.16), kann nichts Böses tun und nichts Böses wollen. Er lässt das Böse zu, um Seinen Geschöpfen ihre Freiheit zu lassen, wendet aber unsere bösen Taten zum Guten und hat unendliche Geduld mit uns. Gott, der Vater, sendet Seinen Sohn in die Welt, damit dieser durch Sein Leiden und Kreuz die Sündenstrafen auf Sich nimmt, um uns zu erlösen. Dieses Heilsgeschehen zwingt Er uns nicht auf, sondern wir dürfen in vollkommener Freiheit diese Liebe annehmen. Bei Seiner Wiederkunft am Ende der Zeiten wird Jesus Christus die Spreu vom Weizen trennen und diejenigen, die die Werke der Barmherzigkeit und der Liebe getan haben, zu sich in das ewige Leben führen. Die unbarmherzigen Menschen werden ewig von Gott getrennt sein (Mt 25,31-36). In Seiner Liebe können wir allen Widrigkeiten des Lebens stand halten (1 Kor 13,7), weil Er uns die nötige Kraft und Gnade dazu gibt. Die Gottesmutter Maria, die Märtyrer, die ihr Leben für Jesus und seine Gesetze dahingaben wie Johannes der Täufer, die Apostel und viele andere, geben uns dafür ein Beispiel.

„Die Liebe hört niemals auf" (1 Kor 13,8), denn „Gott ist die Liebe" (1 Joh 4,8.16). Prophetisches Reden und irdische Erkenntnisse werden vergehen (1 Kor 13,8.12) und führen sehr schnell in den Hochmut. Unsere irdische Erkenntnis ist unvollkommen, erst in der Ewigkeit erhalten wir durch Gott eine uns angemessene vollkommenere Erkenntnis, die aber niemals an Seine unendlich vollkommene Erkenntnis heranreichen kann (1 Kor 13,12).

„Für jetzt bleiben Glaube, Hoffnung und Liebe, diese drei; doch am größten unter ihnen ist die Liebe" (1 Kor 13,13). Die drei göttlichen Tugenden

Glaube, Hoffnung und Liebe werden hier vom heiligen Paulus in eine Rangfolge gebracht. Die Liebe ist die größte göttliche Tugend, weil Gott selbst die Liebe ist, wie wir gesehen haben. Der Glaube als das gehorsame Vertrauen in den dreifaltigen Gott und seine Offenbarung ist für uns auf Erden notwendig, muss aber mit der Liebe verbunden sein, sonst nützt der Glaube uns nichts (1 Kor 13,2). Dies gilt auch für die Hoffnung. Das bedeutet, dass wir alles Gute und das ewige Leben von Gott erwarten, der uns erschaffen und erlöst hat. Auch die Hoffnung bedarf der Liebe, denn sonst würde sie im Egoismus enden. Wir erhoffen das Gute nicht nur für uns, sondern auch für unsere Mitmenschen, ja sogar für unsere Feinde und üben so die Nächsten- und die Feindesliebe. Es ist natürlich relativ einfach, darüber zu schreiben, denn Papier ist geduldig. In erster Linie gilt es, die Gebote Jesu zu leben, dafür ist es aber auch notwendig, sie zu kennen. Wir selbst sind aus eigener Kraft nicht in der Lage, das Gute zu tun und das Böse zu meiden. Wir dürfen aber den Vater im Namen Jesu Christi, Seines Sohnes, bitten, dann werden wir die entsprechenden Gnaden erhalten (Joh 14,13f). Der Gabentisch Gottes ist übervoll. Gott weiß natürlich besser, was wir brauchen, aber für unsere Demut ist das Bitten notwendig, ansonsten werden wir überheblich und hochmütig und schreiben uns selbst unsere Verdienste zu. Dadurch entfernen wir uns von Ihm und Seiner Liebe. Um dies zu vermeiden, empfiehlt es sich, das folgende schöne Gebet immer wieder zu beten: „*Jesus, sanftmütig und demütig von Herzen, bilde unser Herz nach Deinem Herzen*". Bitten wir auch um die Gottes- und Nächstenliebe: „*Jesus, lass mich Dich immer mehr lieben dürfen und auch meinen Nächsten*".

6 Das fortwährende Heiligsein im Gebet und in Gottes Gnaden[29]

Der heilige Johannes von Damaskus schreibt, dass wir im Gebet unsere Seele zu Gott erheben. Wir richten einen demütigen Blick der Liebe und Dankbarkeit in der Freude oder in der Prüfung zum Himmel (hl. Theresia vom Kinde Jesu; vgl. KKK 2558f). Beten bedeutet mit Gott sprechen, Ihn loben, Ihm danken und Ihm unsere Bitten vortragen. Diese Gespräche führen uns in die Heiligkeit, das heißt, dass wir umgeformt werden in der Gnade und der Liebe Gottes. Er selbst schenkt uns die Gnade des Gebetes. Bitten wir Ihn um Demut, Gottvertrauen und Beharrlichkeit. Das Gebet ist „die lebendige Beziehung der Kinder Gottes zu ihrem unendlich guten Vater, zu Seinem Sohn Jesus Christus und zum Heiligen Geist“ (KKK 2565).

„Bevor der Mensch nach Gott ruft, ruft Gott den Menschen“ (KKK 2567), sogar, wenn wir meinen, Gott habe uns vergessen. Der treue Gott vergisst uns nie (Jes 49,13-16), es sind wir, die wir durch unsere Nachlässigkeit gottvergessen leben.

Wir Menschen beten, um zu Jesus in den Himmel zu kommen. Wenn uns das Gebet zu mühsam wird und die Versuchungen überhand nehmen, ist die Gefahr groß, dass wir aufgeben. Wenn wir beten, ist es notwendig, gegen uns selbst und die List des Versuchers zu kämpfen, der uns von Gott trennen will (KKK 2725).

Der Katechismus der Katholischen Kirche (KKK 2729-2733) nennt einige Schwierigkeiten beim Beten. Man sollte auf die Zerstreuungen im Gebet nicht krampfhaft reagieren, sondern diese demütig vor Gott tragen und unsere Schwächen Ihm zu Füßen legen. Jesus ruft uns zur Wachsamkeit auf, damit wir auf Sein Kommen vorbereitet sind. Ein weiteres großes Problem ist die

[29] Erstveröffentlichung: Gebet – Die lebendige Beziehung zu Gott, in: Der Fels 47 (2016) 12f.

Trockenheit. Entweder bedarf es in diesem Fall der Bekehrung zu Gott oder wir werden in unserer Treue und in unserem Vertrauen zu Ihm geprüft. Der Glaube ist hier ausschlaggebend. Oft ist weniger der Unglaube unser Problem, sondern die Bevorzugung anderer Personen oder weltlicher Dinge. Unser Eigenwille und Egoismus sind unsere größten Feinde!

„Eine weitere Versuchung, der die Überheblichkeit die Tür öffnet, ist der Überdruss. [... Er] wird durch das Nachlassen in der Askese, das Schwinden der Wachsamkeit und durch die mangelnde Sorgfalt des Herzens hervorgerufen. ‚Der Geist ist willig, aber das Fleisch ist schwach' (Mt 26,41). Je größer die Höhe, von der man herab fällt, desto mehr verletzt man sich. Die schmerzliche Entmutigung ist die Kehrseite der Überheblichkeit. Der Demütige wundert sich nicht über sein Elend. Es bringt ihn dazu, stärker zu vertrauen und beständig zu bleiben" (KKK 2733). Gott prüft in Schwierigkeiten und Bedrängnissen unser Vertrauen.

Viele Menschen haben große Schwierigkeiten mit dem Bittgebet und hören auf zu beten, wenn Gott ihre Wünsche nicht erfüllt. Sie missbrauchen Gott als Erfüllungsgehilfen ihrer Wünsche – als Mittel zum Zweck: „Wenn wir Gott loben oder Ihm für Seine Wohltaten im allgemeinen danken, kümmert es uns kaum, ob unser Gebet Ihm angenehm ist. Dagegen verlangen wir aber [sofort], das Ergebnis unserer Bitte zu sehen. [Ursache dafür ist unser mangelndes Gottvertrauen und unsere Überheblichkeit.] Welches Gottesbild veranlasst uns zu beten? Ist Gott für uns nur ein brauchbares Mittel oder ist Er der Vater unseres Herrn Jesus Christus?" (KKK 2735). Ändern wir deshalb unsere Einstellung und bitten den Vater um das, was wir wirklich brauchen (Mt 6,8). Gott weiß besser als wir, was für unser Heil notwendig ist. Er erwartet aber aus Respekt vor unserer Freiheit unsere Bitten, die wir Ihm mit reinem, kindlichem und demütigen Herzen vortragen sollen. Wirksam wird unser Gebet, das wir an den Vater richten, durch unseren Herrn Jesus Christus im Heiligen Geist. Der dreifaltige Gott schenkt Sich uns in den Sakramenten – Er ist die unendliche Vollkommenheit, was wollen wir mehr?

Harren wir aus im Gebet und beten ohne Unterlass (1 Thess 5,17), indem wir auch unsere Arbeit und Freizeit Gott weihen. „Beten ist immer möglich" (KKK 2743), weil Jesus Christus alle Tage bei uns ist (Mt 28,20). „Beten ist lebensnotwendig" (KKK 2744), weil wir sonst in die Sklaverei der Sünde zurückfallen. Eine Freundschaft, die nicht gepflegt wird, hat keinen Bestand. Gott ist treu und wartet auf unsere Antwort. „Beten und christliches Leben lassen sich nicht trennen" (KKK 2745), das heißt, dass das Gebet ohne die Gottes- und Nächstenliebe Heuchelei ist.

Beten wir im Namen Jesu Christi (Joh 14,13; KKK 2614) zu Gott, dem Vater, der uns gerne unsere Bitten erfüllen wird, wenn sie unserer Heiligkeit dienlich sind. Selbstverständlich dürfen wir hier nur um Dinge bitten, die den Gesetzen und Geboten Gottes entsprechen.

Unsere Bitten dürfen wir folgendermaßen formulieren:

„Ewiger Vater, im Namen Deines Sohnes Jesus Christus gewähre mir die folgende Bitte ...".

Gott der Heilige Geist tritt dabei für uns ein mit einem Seufzen, das wir nicht in Worte fassen können (Röm 8,26). Der Heilige Geist ergründet und kennt unsere Herzen. Dort begegnen wir Gott. Ohne den Anruf und die Hilfe Gottes können wir nicht beten: „Getrennt von Mir könnt ihr nichts vollbringen" (Joh 15,5). Es gibt auch Phasen, wo wir gerne und ohne Anstrengung beten können und dabei schöne Gedanken im Herzen haben. Diese Gnade hat uns Gott geschenkt, danken wir Ihm dafür. Später kommen wir nicht mehr ohne das Gebet aus, das eine wunderbare Macht über unsere Seele hat und den Segen Gottes auf uns und die Mitmenschen herab ruft.

Das Fundament unseres Gebetslebens ist das mündliche Gebet (KKK 2700-2704). Wichtig ist die Kenntnis der Grundgebete (Kreuzzeichen, Ehre sei dem Vater, Vater unser, Ave Maria, Glaubensbekenntnis, Engel des Herrn,

Rosenkranz) sowie kleiner Stoßgebete. Weil wir uns sehr leicht ablenken lassen, müssen wir unsere Gedanken immer sammeln und zu Gott zurückkehren, indem wir Ihm auch diese Unvollkommenheit anvertrauen.

Im betrachtenden Gebet (KKK 2705-2708) denken wir über eine Stelle aus der Heiligen Schrift, eines anderen geistlichen Buches oder Bildes nach und verweilen mit unseren Gedanken bei Jesus Christus, den unsere Seele liebt. Der Übergang zum beschaulichen Gebet (KKK 2709-2719) ist fließend: Wir schauen gläubig auf Jesus und verzichten auf unseren Eigenwillen. „Das beschauliche Gebet ist das Gebet des Kindes Gottes, des Sünders, der Vergebung gefunden hat und gewillt ist, die Liebe, mit der er geliebt wird, zu empfangen [...] und zu erwidern. Aber er weiß, dass seine Gegenliebe vom Heiligen Geist stammt, der sie seinem Herzen eingießt" (KKK 2712). Im beschaulichen Gebet hören wir schweigend auf das Wort Gottes und vereinigen uns in der Liebe mit Christus, der in unserer Seele wohnt.

In unseren Anstrengungen beim Gebet zeigen wir unsere Treue zu Christus, der uns treu war und ist bis zu seinem bitteren Tod am Kreuz. Wir sind auf den dreifaltigen Gott hin geschaffen und Gott ist die Liebe, die sich vor allem in der Treue offenbart. Der Herr will uns bei Sich in Seiner unendlich glücklichen Ewigkeit haben unter Respektierung unseres freien Willens. Wir sind keine Marionetten. Schenken wir deshalb Gott unseren Willen. Er wird und kann niemals missbräuchlich damit umgehen, weil Er die vollkommene Liebe und Barmherzigkeit ist. Beginnen wir mit dieser Ganzhingabe jeden Tag neu im Gebet und in der Nachfolge Jesu Christi.

Maria mit dem Kinde lieb, uns allen deinen Segen gib. Amen.

O mein wunderbarer Gott, Du Liebe in meinem Leben, Du Glückseligkeit meines Gemüts, Du Licht in meiner Dunkelheit, Du Kraft und Stärke meines Herzens, Du meine große Reinheit und Wahrheit, Du Labsal meiner Seele, Du meine Güte und Barmherzigkeit, Du Erleuchtung und Erkenntnis in meinem Geist, Du Stütze und Aufbau meiner Tugenden, lass mich o mein dreifaltiger und ewiger Gott noch tiefer glauben, noch tiefer hoffen und noch inniger lieben. Hilf mir heute wieder meine Untugenden abzubauen, damit ich Deiner immer würdiger werde.

Bedecke o mein über alles geliebter Gott meine unguten Gefühle, die mich hindern zu Dir zu gelangen.

Segne uns und reinige uns, heilige uns und schenke uns die sieben Gaben des Hl. Geistes, sei uns gnädig und barmherzig und gib uns Deine gütige Liebe.

Erhalte mir die Tiefe und das kindliche Denken in unserer Verbindung, um in ewiger Lebens- und Liebesgemeinschaft mit Dir leben und wirken und sterben zu dürfen.

Ich danke Dir aus tiefstem und vertrauensvollem Herzen, weil Du alles für mich geworden bist. Amen.

Printed by Books on Demand GmbH, Norderstedt / Germany